Oskar Negt

Gesellschaftsentwurf Europa

Oskar Negt

Gesellschaftsentwurf Europa

Plädoyer für ein gerechtes Gemeinwesen

Steidl / ifa

Erste Auflage 2012
Steidl Verlag Göttingen in Zusammenarbeit
mit dem ifa / Institut für Auslandsbeziehungen,
Charlottenplatz 17, 70173 Stuttgart

Lektorat: Melanie Heusel
Buchgestaltung: Steidl Design / Sarah Winter
Gesamtherstellung und Druck: Steidl, Göttingen
Düstere Str. 4 / 37073 Göttingen
Tel. +49 551 49 60 60 / Fax +49 551 49 60 649
www.steidl.de / www.steidlville.com
ISBN 978-3-86930-494-6
Printed in Germany by Steidl

Vorbemerkung

Geschichte wiederholt sich nicht: wenn etwas aber *nicht* Geschichte wurde, wiederholt es sich durchaus. Diese Worte Ernst Blochs – Variationen des Hegel-Marx'schen Gedankens, dass weltgeschichtliche Tatsachen und Personen sich zwei Mal ereignen, das eine Mal als Tragödie, das andere Mal als Farce – haben bedrückende Aktualität.

Die Kunstform der Tragödie griechischen Ursprungs von Aischylos, Sophokles und Euripides ist nicht nur auf den europäischen Bühnen gegenwärtig. Das Schicksal Griechenlands wächst sich vielmehr selbst zum Stoff für eine moderne Tragödie aus, die gleichzeitig als Farce inszeniert wird. Ein Land, dem die Europäer wesentliche Elemente der Aufklärung, die politische Philosophie demokratischer Verfassungen und das Kategoriensystem vernunftorientierter Begründung verdanken, wird nach Regeln betriebswirtschaftlicher Buchführung und für Gewinnzwecke maroder Banken Schritt für Schritt aus dem europäischen Konsens ausgegliedert, vom Produktions- und Lebenszusammenhang Europas abgekoppelt. Das ist unmoralisch, skandalös und ein politisch folgenreicher Fehler.

Nun wird man den Griechen selbst die Schuld an der Misere zuschreiben; Vorurteile in dieser Richtung sind schnell mobilisiert, und in ihnen steckt sogar, wie in der griechischen Tragödie, ein subjektiver Wahrheitsanteil. Allerdings: Es ist leichter, ein Atom zu zertrümmern, als ein Vorurteil aufzulösen, hat ein kompetenter Sozialforscher gesagt. Einer der fünf Wirtschaftsweisen, welche die Bundesregierung beraten, Peter Bofinger, spricht von einer tödlichen Therapie; der EU-Sparzwang könnte das Land in den Abgrund stoßen. Es sei einfach eine öffentliche Lüge, wenn man behaupte, die Griechen hätten sich auf die Reformen nicht eingelassen. Bofinger zählt auf: Anhebung der Mehrwertsteuer von 19 auf 23 Prozent und des Steuersatzes von 9 auf 13 Prozent; von 2009 bis 2011 Reduktion des Staatsdefizits um 11 Prozent, was sonst in keinem vergleichbaren Land gelungen ist. Dass die Investitionen um 50 Prozent reduziert wurden und das wirtschaftliche Wachstum erheblich schrumpfte, ist für Bofinger Resultat einer Sparpolitik, der jede Idee einer nachhaltigen und langfristigen Sanierung des Produktions- und Lebenszusammenhangs abhandengekommen ist.

Der vorliegende Text sucht eine Lücke zu füllen, die mir ein fortwährendes Ärgernis ist. Wie schon die Wiedervereinigung der staatlichen Nachkriegsfragmente aus der ›Portokasse‹ bezahlt werden sollte, was sich sehr schnell als fataler Irrtum herausstellte, so gerät jetzt ein viel größeres Vereinigungsprojekt in Verruf, weil im verengten Horizont der mit diesem epochalen Projekt Beschäftigten die Lebens- und Arbeitsverhältnisse der Menschen in den einzelnen Ländern nicht vorkommen. Willy Brandt prägte, in Hinblick auf die deutsche Wiedervereinigung, die Formel: »Hier wächst zusammen, was zusammen gehört!« Von solchen organischen Verbindungen und Wahlverwandtschaften kann im europäischen Kontext keine Rede sein. Die nationalen Eigentümlichkeiten und der kulturelle Eigensinn der einzelnen Länder haben harte Prägungen hinterlassen, die durch Geld und institutionelle Vereinbarungen nur schwer aufzubrechen sind. Deshalb sind aktive Bewusstseinsbildung und die Entwicklung politischer Urteilskraft Grundpfeiler im europäischen Gebäude der siebenundzwanzig Nationen.

Ohne soziale Bewusstseinsbildung entsteht keine solidarische Ökonomie, die Ausgleichsbewegungen zwischen Schwachen und Starken möglich macht, ohne in die Mottenkiste vorurteilsbeladener Abgrenzungen zurückgreifen zu müssen. Hunderte von Milliarden Euro werden verteilt, um das Bankensystem vor dem Zusammenbruch zu bewahren; Bürgschafts-Schutzschirme, die der Entwicklung politischer Bildung dienen, sucht man dagegen vergeblich – dabei würden sie die vernünftigsten und nachhaltigsten Investitionen in einem Europa der erodierenden Gesellschaftsordnungen ausmachen.

Die Wege zu einer europäischen Identität, die jedem (wie im Römischen Weltreich: *civis romanus sum*) ein selbstverständliches und zwangloses Bekenntnis ermöglichen würden: Ich bin eine Europäerin, keine Französin; ich bin ein Europäer, kein Deutscher, sind beschwerlich und können nicht ohne Anstrengungen beschritten werden.

Kollektive Lernprozesse sind erforderlich, welche die Alltagserfahrungen der Menschen einbeziehen. Die europäische Einigung wird ohne einen Lastenausgleich, wie er beispielsweise bei der Integration der Millionen Flüchtlinge aus dem Osten stattfand, und ohne soziale Investitionen nach den Regeln eines Marshallplans kaum zustande kommen. Griechenland wird nicht das letzte europäische Land sein, das beides nötig hat.

Diese Schrift hat den Charakter einer Streitschrift; sie will anregen, sich mit der in den vorherrschenden Europadiskursen häufig unterschlagenen Wirklichkeit auseinanderzusetzen. Um die Lesbarkeit zu erleichtern, habe ich auf Quellenangaben weitgehend verzichtet. Wer sich mit den hier angesprochenen Gegenständen näher und umfassender beschäftigen will, sei auf meine Bücher verwiesen: *Arbeit und menschliche Würde* sowie *Der politische Mensch. Demokratie als Lebensform* (beide im Steidl-Verlag erschienen).

Oskar Negt, Hannover im Frühjahr 2012

Zwei geschichtliche Lernprovokationen – zwei friedenswirksame Antworten

»Der Friede ist das einzige Ziel von Politik, aber Politik ist auch der einzige Weg zum Frieden… Der Anfang der Friedensphilosophie«, schreibt Dolf Sternberger, »ist das Erschrecken«. Zwei Mal in der europäischen Geschichte hat es in ganz besonderer Weise dieses Erschrecken gegeben – ein Erschrecken über die Maßlosigkeit von Gewalt und Zerstörungswut, darüber, was Menschen ihresgleichen antun und was sie an wechselseitigen Vernichtungsphantasien in die Tat umsetzen können: ein Erschrecken, das der Zivilisation bis heute in den Knochen sitzt. *Es ist der Dreißigjährige Krieg (1618–1648), und es ist die zwölf Jahre währende Naziherrschaft,* mit dem verbrecherischen Zweiten Weltkrieg, über fünfzig Millionen Toten und über sechs Millionen ermordeten Juden.

In beiden Fällen ist das Erschrecken jedoch nicht zu einer Verhaltensstarre geronnen und dem kollektiven Gedächtnisverlust anheimgegeben worden. Vielmehr hat die verbreitete Gefühlslage des Trauerns und der Blick auf das von Menschen angerichtete Unheil die politische Phantasie in einem hohen Maße angeregt, nicht nur Friedensphilosophien zu entwerfen, sondern, unter Beachtung der offensichtlichen Unzuverlässigkeit menschlicher Gesinnungen, durch Vereinbarungen und zwingende Rechtsverhältnisse Vorsorge für eine friedensfähige Gesellschaft zu schaffen.

Der fortwährende Aktualitätsdruck der Währungs- und Bankenkrise, der gegenwärtig auf der Analyse der europäischen Angelegenheiten lastet, lässt die Erinnerung an die Akte und die

Artikel des Westfälischen Friedens, die den Dreißigjährigen Krieg beendeten, auf einen einzigen Punkt schrumpfen: den der Ermächtigung der staatlichen Souveräne, ohne alle Einschränkungen frei über Krieg und Frieden entscheiden zu können. Dieses *ius ad belli et pacis,* das den Übergang vom christlich-mittelalterlichen Völkerrecht zum *ius publicum europaeum* markiert, führte nicht, wie wir wissen, zu einem dauerhaften Friedenszustand in Europa; die Kabinettskriege, die nach Beendigung des konfessionellen Bürgerkriegs das europäische Machtgeschehen bestimmen, sind nicht weniger grausam und zerstörerisch als die Kreuzzüge und die mittelalterlichen Eroberungsschlachten. Aber es steckt mehr im Westfälischen Friedensvertrag, diesen ersten *europäischen* Friedensbemühungen, als die Souveränitätsermächtigung, die den Boden bereitet für die Entwicklung nationalstaatlicher Identität – vom politischen Kosmos der übrigen Welt allmählich abgetrennt und moralisch neutralisiert. Es sind entscheidende Veränderungen in der gesamten Rechtskultur, wie das tendenzielle Beenden der Inquisitionsgerichtsbarkeit, die Entmischung von Legalität und Moralität, wie sie dann Kant formuliert. John Locke bringt in seinen Schriften den Begriff der Toleranz in den Alltagszusammenhang des europäischen Denkens, das schließlich auch ins allgemeine Bewusstsein eindringt. *Das alles kann man nur verstehen, wenn man es als einen kollektiven Lernprozess begreift;* das gilt selbst für jenen Grundsatz, den Carl Schmitt, in völliger Verkennung der fundamentalen gesellschaftlichen Differenzen, in den 1950er Jahren auch für die Nazizeit anwenden wollte: *amnestia est substantia pacis* – die Amnestie ist die Basis des Friedens. Dieses friedenswirksame Vergessen, von dem in den Verhandlungen von Osnabrück und Münster die Rede war, hatte zu jener Zeit einen guten Sinn, denn in allen sich bildenden nationalstaatlichen Territorien gab es religiöse Minderheiten. Das *cuius regio, eius religio* hätte auch ganz andere Folgen haben können. Sowohl die Toleranzedikte als auch das Vergessen dienten dazu, diese Minderheiten vor Rachefeldzügen der neuen Souveräne zu schützen. Toleranz verlor allmählich den religiösen Bedeutungsgehalt und entwickelte sich zu einer weltlichen Haltung.

Heute wird das Westfälische Friedenswerk in Jubiläumsveranstaltungen gefeiert; das ist durchaus nicht immer so gewesen. Hegel sprach eher abfällig von diesen Beschlüssen und Festlegungen. Der Zweck dieses Friedens sei die vollkommene Partikularität und die privatrechtliche Bestimmung aller Verhältnisse. Es sei die »konstituierte Anarchie, wie sie noch nie in der Welt gesehen wurde.« Schiller hingegen beendet seine Geschichtsvorlesung über den Dreißigjährigen Krieg genau an dem Punkt, wo der Westfälische Friede einsetzen müsste – mit der Begründung, das »charaktervollste Werk der menschlichen Weisheit und Leidenschaft« wolle er nicht zum Skelett entstellen.

Die geschichtliche Lernprovokation, welche die Schrecken des Zweiten Weltkriegs und des Faschismus bewirkten, verlangte nach ganz anderen Antworten als sie das Westfälische Friedenswerk gab. Es ging nach 1945 nicht nur um die Wiederherstellung des Rechtsstaates, um die verfassungsmäßige Sicherung von Grundrechten und Menschenrechten, obwohl schon das ein epochaler Schritt gewesen wäre. Denn die Weimarer Verfassung kannte den Begriff der menschlichen Würde noch nicht, nicht einmal den des ›Menschen‹. Die Grundrechte gehörten zum zweiten Teil der Verfassung, standen also zur Disposition, wie das sogenannte Ermächtigungsgesetz 1933 zeigte. Dass im Grundgesetz die Würde nach vorn rückte und 1949 zu einer Staatsfundamentalnorm avancierte, die nicht mehr zur Disposition steht, ist Resultat eines Lernprozesses, in dem die Gesamtverfassung einer Gesellschaft zum Thema geworden ist. Am Anfang dieses Lernprozesses standen die folgenden Fragen: Wie kommt es, dass eine ganze Gesellschaft verrückt wird und einen hochzivilisierten Rückfall in die Barbarei erleidet? Welche Mächte sind daran beteiligt, dass ein solches System vernichtende Angriffskriege organisieren und Millionen von Dissidenten ganz verschiedener Prägung, ›rassischer‹ Herkunft genauso wie politischer, aus ganz Europa verhaften und vernichten kann?

Mit Verblüffung muss man heute feststellen, wie viel intellektuelle Energie auf Europadiskurse gelenkt ist, die selbst in ihrer radikalsten und kritischsten Position dem Bannkreis des Geldes und der politischen Institutionen verhaftet bleiben. Manchmal könnte man auf den Gedanken kommen, dass die öffentlich definierte Realitätsmacht der vorherrschenden Wirklichkeit nicht nur die Gedanken erfasst, sondern auch die Denkstrukturen. Das ist umso erstaunlicher, als gerade im vergangenen Jahrzehnt weltweite Protestbewegungen hörbar und sichtbar gemacht haben, dass die auf unterschlagenen Wirklichkeiten und von oben inszenierten demokratischen Legitimationen beruhenden Herrschaftssysteme brüchig sind und zu Fall gebracht werden können. *Das sind kollektive Lernprozesse der Völker, ganzer Gesellschaftsordnungen;* dieses Widerstandslernen ist, wenn dem lange Perioden der Entmündigung vorausgegangen sind, allerdings nicht immer ausreichend für einen vernünftigen Neuaufbau einer an Haupt und Gliedern reformierten Gesellschaft. Diese Protestbewegungen, die dem Herrschaftssystem die öffentlichen Plätze entreißen, signalisieren aber die zutiefst menschlichen Eigenschaften, Grenzen zu setzen und ab einem bestimmten Punkt der Unterdrückung und der Entwürdigung mit kollektiver Empörung zu reagieren: So nicht weiter!

Ohne Sozialstaat keine Demokratie

Dieser zweite gesamteuropäische Lernprozess, der auf die Zivilisationskatastrophen der von Europa ausgehenden Weltkriege und auf den Faschismus reagiert, thematisiert Strukturvoraussetzungen für ein haltbares demokratisches Gemeinwesen: Ausbau des Sozialstaates; Schutz der lebendigen Arbeit gegen die Übergriffe der toten Arbeit; überhaupt rückt die Rolle des *Sozialen* im gesellschaftlichen Gestaltungszusammenhang auf der Bewertungsskala der politischen Handlungsfelder ganz nach oben. Nie wieder sollten die wirtschaftlich Mächtigen ohne demokratische Kontrollen ihre Macht gebrauchen und missbrauchen können! Die sozialstaatlichen Errungenschaften wurden daher nicht nur als Solidarbeiträge für die in Not geratenen Menschen betrachtet, sondern als tragende Pfeiler rechtsstaatlicher und demokratischer Aufbauprinzipien der Gesellschaft. *Die Lernprozesse, die Faschismus und Krieg zu verarbeiten versuchen, führten zu der Erkenntnis, dass drei gesellschaftliche Machtsphären unabdingbar miteinander verbunden sind: die Sphäre des Rechtsstaates, das aus der Arbeiterbewegung stammende Potenzial sozialstaatlicher Errungenschaften und die Demo-*

kratie. Parteiübergreifende Koalitionen hatten sich hier gebildet, die eine große Spannweite abdeckten; sie reichten vom Verfasser der Sozialenzyklika *Quadragesimo anno* Oswald von Nell-Breuning bis zum I.G. Metall Vorsitzenden Otto Brenner. Auch die damaligen Patrioten der sozialen Marktwirtschaft akzeptierten die soziologische Erkenntnis, dass die Konkurrenzmechanismen des Marktes unmöglich den für den inneren Zusammenhang der Gesellschaft notwendigen Solidarbeitrag leisten können. Bis in die Kompendien der Volkswirtschaftslehre, wie dem in den akademischen Diskursen und in Einführungsveranstaltungen benutzten *Samuelson* hinein, sah man im Staat einen wichtigen Regulator des Marktgeschehens, dem keine einzige bürgerliche Wirtschaftstheorie zugetraut hätte, einen innergesellschaftlichen Friedenszustand zu sichern.

Das Ahlener Programm der CDU, das Adenauer 1947 schließlich widerstrebend unterzeichnet hat, dokumentiert, wie umfassend die Blicke der Nachkriegsgesellschaft auf die Probleme einer kapitalistischen Arbeitsgesellschaft gerichtet waren, die sich, bei aller Reichtumsproduktion und allen fortwährenden Modernisierungsschüben, nicht imstande zeigte, die Massenarbeitslosigkeit zu beseitigen und den Menschen ein angstfreies Leben zu ermöglichen. *Es sind die sozialstaatlichen Errungenschaften, die den europäischen Demokratien ihre Stabilität verliehen haben;* Humanisierung der Arbeitsverhältnisse, Verkürzung der Arbeitszeit und Verlängerung der Lebenszeit, Sicherung der Renten und der allgemeinen Gesundheitsversorgung. All diese und viele andere Faktoren haben entscheidend dazu beigetragen, dass die Demokratie als Lebensform so lange Bestand hat – über ein halbes Jahrhundert.

Ich bin überzeugt, dass die Demokratie in dieser Periode der Wohlfahrtsökonomie zum ersten Mal in der Geschichte als System der Alltagspartizipation begründet wurde, das nicht als bloße Legitimationsfassade für wechselnde Machteliten betrachtet werden kann. Dass die im Westfälischen Frieden kodifizierte völkerrechtliche Souveränitätsermächtigung der Nationalstaaten, die in den vergangenen Jahrhunderten fortlaufend Krieg führten, starke Einschränkungen erfuhr, ist nicht verwunderlich; das *ius ad bellum* hat nur noch außereuropäische Funktion. *Nachdem nun in den vergangenen Jahrhunderten alle imperial dominanten Einigungsversuche gescheitert sind, hängt gegenwärtig alles davon ab, ob die aus Krisenherden entwickelten politischen Handlungsfelder Lösungen für die sich verschärfenden sozialen Konflikte und innergesellschaftlichen Spannungen anbieten können. Denn der Angstrohstoff wächst bedrohlich.* Weil die Menschen im sozialdarwinistischen Überlebenskampf entweder mutlos resignieren oder sich als ›Wutbürger‹ abreagieren, ohne das Gefühl zu bekommen, durch ihre Aktionen tatsächlich Änderungen bewirkt zu haben, präsentieren sich im medial vernetzten, europäischen Zusammenhang immer offener rechtsradikale Programme. Es sind nicht mehr Randerscheinungen, vielmehr dringen solche rechtsradikalen Optionen immer stärker ins gesellschaftliche Zentrum ein. Sie sind verknüpft mit dem Versprechen einfacher, gewalttätiger Lösungen; die ihnen zugrunde liegende Vorurteilsfixierung gliedert *den* Fremden und *das* Fremde aus.

Wer also Rechtsstaat und Demokratie bewahren will, muss mit besonderer Sorgfalt auf Erweiterung und Pflege der sozialstaatlichen Errungenschaften bedacht sein. Denn diese sind es überwiegend, die den inzwischen bedenklich angesammelten Angstrohstoff der Gesellschaft vermindern helfen. *Abbau des Sozialstaates und kostenaufwendige Erweiterung des Sicherheitsstaates sind zwei Seiten derselben Medaille;* vielleicht lässt sich hier doch ein Kausalverhältnis herstellen zwischen dem Mangel sozialstaatlicher Sicherung und der Gewaltanfälligkeit einer Gesellschaft: durchschnittlich 60 Strafgefangene kommen im sozialstaatlich geprägten Europa auf 100 000 der Bevölkerung; in den USA sind es etwa 650. Die Plünderung des Sozialstaates ist kostenaufwendig: Was hier gespart wird, muss in den Sicherheitsbereichen doppelt und dreifach draufgezahlt werden.

Dass wir uns den Sozialstaat nicht mehr leisten könnten, gehört zu den unsinnigsten Parolen, die in Umlauf gesetzt sind; es streift geradezu die Grenze des Obszönen, wenn heute mit hunderten von Milliarden an Kreditsicherheiten operiert wird, die das marode Bankensystem vor dem Zusammenbruch bewahren sollen. Jürgen Habermas macht, in seinem jüngsten Buch, das er bescheiden mit dem Untertitel »Essay« versieht, den im Tonfall etwas verzweifelten Versuch, beschwörend die »politischen Eliten« zur Vernunft zu bringen. In seinem, die europäischen Vertragswerke thematisierenden Buch zieht sich der beklagte Mangel demokratischer Legitimation wie ein roter Faden durch die komplexe Argumentation. Wenn es denn zutreffen sollte, dass die offizielle Entwicklungsgeschichte der europäischen Vertragswerke das Produkt der politischen Eliten ist, dann sind sie in der Tat die eigentlichen Ansprechpartner, um die Vertragsänderungen zu bewerkstelligen, die eine transnationale Demokratie ermöglichen. Folgerichtig schreibt Habermas: »Die Europäische Union wird sich langfristig nur stabilisieren können, wenn sie die unter dem Zwang ökonomischer Imperative fälligen Schritte zur einer Koordinierung der relevanten Politiken nicht im bisher üblichen goubernativ-bürokratischen Stil, sondern auf dem Weg einer hinreichenden demokratischen Verrechtlichung vollzieht.«[1]

Der transnationalen Demokratie fehlt die soziale Basis

Diese transnationale Demokratisierung kann in der Tat nur gelingen, wenn der in den Akten des Westfälischen Friedens festgeschriebene nationalstaatliche Souveränitätsansatz endgültig verabschiedet wird. Ob allerdings die demokratische Verrechtlichung politischer Herrschaft aus sich heraus zur Zivilisierung der innergesellschaftlichen Gewalt beizutragen vermag, ist anzuzweifeln; wahrscheinlich wird eine Errungenschaft der bereits realisierten europäischen Integration, bei allen Rückläufen und Turbulenzen des Vereinigungsprozesses, erhalten bleiben: die Vermeidung der Bürgerkriegssituation in den Kernstaaten. Es ist unwahrscheinlich, dass dieses Europa erneut zu einem Schlachtfeld werden kann. Bei aller Komplexität der Argumentation, die auch sonst die auf öffentliche Diskurse gerichteten Schriften von Habermas auszeichnet, hat es mich bei der Lektüre irritiert, um nicht zu sagen erschreckt, wie selbst er bestimmte Wirklichkeitsbereiche, die auf der Unterseite der Gesellschaft, vielleicht auf sozialen Schattenseiten liegen, vergisst oder ausspart. Zwar spricht Habermas in einem dem Buch vorangestellten Artikel von den realistischen Utopien der Menschenwürde, der Menschenrechte;

aber sie kommen unten nicht an, kein Wort zur Beziehung zwischen Arbeit und Menschenwürde, kein Wort über die Bedeutung des Sozialstaates für die europäische Integration.

Es ist doch aber fraglich, ob es für einen spanischen Jugendlichen, der hochqualifiziert ist und dennoch keinen Arbeitsplatz findet, überhaupt einen Unterschied macht, wer seine Lebensperspektiven verengt: die Brüsseler Behörde oder die Sozialämter des eigenen Staates. Dem Kioskbesitzer Athens geht es ähnlich. Es ist ihm gleichgültig, wer ihm Kredite zum Überleben verweigert, weil die alte Bank ihn nicht mehr für kreditwürdig hält. Deshalb verstehe ich die Habermas'sche Position nicht, wenn er schreibt: »Am Euro entscheidet sich das Schicksal der Europäischen Union.« Kann man das so kategorisch sagen? Nein! Das Schicksal der Europäischen Union hängt wesentlich davon ab, in welchem Maße Energien und Geldmittel darauf verwendet werden, die Probleme einer kapitalistisch strukturierten Arbeitsgesellschaft öffentlich zu machen und zu bearbeiten. *Alles wird davon abhängen, ob die in der Bankenkrise angemahnte Solidarität des Geldes auch Anwendung findet beim Begründen und im Umgang mit den existenziellen Problemen der Menschen.* Es ist daran zu erinnern, dass die sozialstaatliche Entwicklung in den europäischen Kernländern Verfassungsrang hat; sie ist keineswegs ein bloßes Nebenprodukt, auf das man notfalls auch verzichten kann. Auch die von Habermas beklagte Asymmetrie zwischen der vollständigen ökonomischen und der unvollständigen politischen Einigung Europas trifft nicht den Kern jener Konflikte und Auseinandersetzungen, die geeignet sind, Europa wiederum in feindselige Lager zu spalten.

Die Weiterentwicklung des Sozialstaates ist ein wesentliches Element im Prozess der europäischen Einigung. Diese wird nur dann erfolgreich sein, wenn sie von unten gestützt wird, wenn sie ein soziales Fundament hat. In diesem Sinne ist der sozialstaatliche Lernprozess wegweisend für einen kollektiven Lernzyklus, der jetzt einsetzen müsste, nachdem in diesem europäischen Haus immer stärker die Risse sichtbar werden. Sprach man im Zusammenhang des Westfälischen Friedens von der *friedenswirkenden Haltung des Vergessens,* so ist heute das Gegenteil nötig: die *friedenswirkende Erinnerung.* Der Kasseler Sozialrechtler Felix Welti hat diese Erinnerung auf den Punkt gebracht: »Sieht man im Sozialen nur ein Staatsziel unter anderen, dann steht es gleichberechtigt zum Beispiel neben Sport oder Denkmalschutz – … Die Anerkennung des Anderen als Teilhaber der gleichen Gesellschaft hängt von einer Sozialstaatlichkeit ab, die viel umfassender zu verstehen ist, als dass man zu einem bestimmten Zeitpunkt Sozialleistungen bekommt. Das Soziale ist mehr als ein Einzelplan im Haushalt so wie sich der Rechtsstaat nicht im Justizressort erschöpft. Die soziale Integration kann ebenso wenig wie Rechtssicherheit und Gerechtigkeit an ein bestimmtes Teilsystem der Gesellschaft delegiert werden.«[2] Überfällig ist ein neues Kategoriensystem des sozial orientierten Lernprozesses, das Zusammenhang herstellt.

Das Erschrecken, dem nach der These Dolf Sternbergers friedensphilosophische Lernprozesse folgen, hat heute nicht mehr zwangsläufig die Katastrophe eines Krieges und eines Verbrechenssystems zur Ausgangslage; es mag aber eine ähnliche Intensität der Gefühlsverwirrungen und der Suche nach Neuorientierung bewirken. Was in Europa und den USA einen neuen kollektiven Lernprozess einleiten könnte, ist die massenhafte Erfahrung, dass es die Realpolitiker in allen Machtzentren der Gesellschaft, den Banken ebenso wie den Regierungen, gewesen sind, die eine hochentwickelte Gesellschaftsordnung an den Rand der Katastrophe getrieben haben – nicht die Utopisten, nicht die mit dem Vorwurf des Realitätslosen geschlagenen Konstrukteure einer besseren Welt. Im Verhältnis von Utopie und Wirklichkeit vollzieht sich weltweit eine entscheidende Veränderung; die Realitätsmacht der Utopien, in der 1968er-Bewegung verbal und mit viel Leidenschaft eingeklagt, scheint immer stärker besonders Jugendliche zu motivieren, sich gegen Unterdrückung, Ausbeutung und politische Manipulation zu wehren. Die Erosion der offiziellen politischen Machtinstrumente nimmt den Tatsachen-Menschen, die unentwegt die Alternativlosigkeit ihres Wirklichkeitssinnes behaupten, alle Überzeugungskraft. Das eröffnet dem Möglichkeitssinn neue Perspektiven und ermutigt die Menschen, sich zu empören und Forderungen zu stellen, die noch vor einem Jahrzehnt als verrückt gegolten hätten. Die gegenwärtigen Prozesse in der Welt haben sehr verschiedene Motive und müssten im Einzelnen auf ihre Haltbarkeit überprüft werden. Eines verbindet sie aber: Das ist die Inbesitznahme öffentlicher Plätze, die der Verwendung und dem Zugriff der jeweiligen Herrschaftssysteme entzogen werden. Die Herstellung primärer Öffentlichkeit, die auf der körperlichen Anwesenheit von Massen beruht, erweitert die Erfahrungsfähigkeit der Menschen, die unmittelbar spüren, dass sie viele und deshalb machtvoll sind: ›Wir sind viele‹, 99 Prozent. Es ist ja nichts von diesen Bewegungsansätzen auf langfristigen Erfolg programmiert. Man weiß nicht, was aus der Occupy-Vorstellungswelt politisch und organisatorisch wird, den Machtapparat der Wallstreet zu erobern, ist natürlich reine Machtphantasie. Das weiß jeder. Aber der Slogan: ›We are 99 %‹, proklamiert auf einer Versammlung im Zuccotti-Park, demonstriert einen kollektiven Willen, über die Ohnmacht der 99 Prozent nachzudenken und konkrete Handlungsfelder zu entwickeln, in denen Stück für Stück, Schritt für Schritt Herrschaftssysteme abgebaut werden. Die Daten, die eine radikale Veränderung unserer Welt erforderlich, ja zur Pflicht machen, variieren von Land zu Land nur in geringem Ausmaße.

Was für die USA beschrieben wird, gilt in ähnlicher Weise auch für Europa. »Siebenhundert Milliarden Dollar aus Steuergeldern flossen in Bürgschaften zur Rettung der angeschlagenen Banken. Vierzehn Millionen Amerikaner suchen Arbeit, finden aber keine. Die Gewinne der Unternehmen haben geradezu ein Allzeithoch erreicht. Die Gelder von Vorstandsvorsitzenden sind seit 1990 um 300 Prozent, die der Arbeiter in der Produktion um 4 Prozent gestiegen. Einem Prozent der Amerikaner gehören 42 Prozent des Vermögens und 50 Prozent aller Aktien und Wertpapiere. Wenn wir auf diese Nahrungskette schauen und den Blick nur ein wenig nach unten richten, stellen wir fest, dass die obersten 10 Prozent über 90 Prozent der Aktien und Wertpapiere halten und die oberen 20 Prozent 93 Prozent des Vermögens.«[3]

Deshalb sind Lernprozesse möglich, die natürlich nicht nur durch die Finanzkrise angeschoben, sondern vielleicht auch Ausdruck eines Generationswandels sind. Immer mehr junge Menschen spüren Unbehagen an einer Welt, die mit unglaublichen Reichtümern hantiert und doch außerstande ist, der Mehrheit eine verlässliche Existenzgrundlage und Zukunftsperspektiven zu sichern. Das ist die eine Seite der in katastrophische Szenarien gekleideten Finanzkrise.

Die andere Seite besteht darin, dass dieses Katastrophengehabe mit immer neuen Sicherheitsversprechen, die man inzwischen als Schutzschirme definiert (als käme das Unglück in Gestalt von Regen oder Hagel von oben) nahezu alle Probleme zudeckt und übersieht, was die problematischen Strukturen der Arbeitsgesellschaft betrifft. Dass sich mit den immer weiter und aufwendiger gespannten Rettungsschirmen für Banken Nennenswertes in den Arbeits- und Lebensprozessen der Menschen verändern könnte, um ein einigermaßen funktionierendes demokratisches Gemeinwesen zu gewährleisten, ist zweifelhaft. Der einzig sinnvolle und vernünftige Rettungsschirm wäre einer für Kultur, für Aufklärung und für politische Bildung. Schon ein Zehntel der Geldsummen, die den Banken zugesagt werden, könnte wechselseitige produktive Lernprozesse zwischen den einzelnen Ländern in Gang setzen, die der europäischen Einigung zugute kämen, und gleichzeitig Beiträge zur innergesellschaftlichen Krisenbewältigung leisten. Die allseits geforderte Sparökonomie, die überwiegend zu Lasten der einfachen Leute geht, lässt die Strukturen und Mechanismen völlig intakt und wirksam, die für die gegenwärtige Misere verantwortlich sind. Werden diese Herrschaftsmechanismen nicht in einen europäischen Lernprozess einbezogen und kritisch bearbeitet, dann ist zu befürchten, dass sich nicht nur die von Hegel beklagte konstituierte Anarchie durchsetzt, sondern einzelne Länder in ihrem Innern auch beschädigt werden.

Die phantastische Macht des Geldes

Das bedrückende an der gegenwärtigen geistigen Situation der Zeit liegt darin, dass alle Auswege verbarrikadiert erscheinen; wer Krisenlösungen außerhalb des Geldsektors ins Auge fasst, kommt leicht in den Verdacht, an den eigentlichen Gesellschaftsproblemen vorbeizuargumentieren. Worin besteht nun die phantastische Macht des Geldes? Ich möchte versuchen zu erklären, was eigentlich nicht zu erklären ist und warum es einfach weiter läuft wie bisher; warum die dauernd erweiterten Schutzschirme für die Banken mit denselben Abstraktionen und Regeln arbeiten, nach denen die Spekulanten und die Glücksritter der Krise ihr Unwesen getrieben haben – und weiter treiben. Bei meinen Erklärungsversuchen werde ich mich auf Marx beziehen, denn er hat am gründlichsten die gesellschaftliche Feinmotorik des Kapitals untersucht. Tatsächlich könnte man die These wagen, dass der Kapitalismus heute zum ersten Mal in seiner Geschichte so funktioniert, wie Marx ihn in seinem *Kapital* beschrieben hat.

Zwei Einsichten in die Marx'sche Analyse vom Funktionieren des Kapitals werfen grelles Licht auf das, was heute mit uns geschieht. Der Marxist Alfred Sohn-Rethel hat den Begriff von der Real-Abstraktion geprägt, die er klar unterscheidet von den Denkoperationen der subjektiven Logik. Wenn von Real-Abstraktionen die Rede ist, handelt es sich um gesellschaftliche Prozesse, in denen objektiv Verdrehungen stattfinden und Phantasiewerte entstehen, die man durch bloß subjektive Zuordnungen, etwa durch Geldgier oder Korruption, gar nicht richtig erklären kann. Was in der gegenwärtigen Finanzkrise sichtbar wird, ist die völlige Abkoppelung der ursprünglich medial begrenzten Welt des Geldes vom gesellschaftlichen Lebens- und Produktionsprozess; die Wertschöpfung der Arbeitsgesellschaft wird hier enteignet und damit den arbeitenden Menschen die Existenzgrundlage entzogen.

Solche Real-Abstraktionen sind ein entscheidendes Merkmal des modernen Kapitalismus; sie haben ihre gesellschaftliche Produktionsgrundlage im Fetischcharakter der Ware, der ab einem bestimmten Entwicklungsstand der durchkapitalisierten Gesellschaft zum Geldfetisch anwächst. Marx schreibt: »Eine Ware scheint auf den ersten Blick ein selbstverständliches, triviales Ding. Ihre Analyse ergibt, daß sie ein sehr vertracktes Ding ist, voll metaphysischer Spitzfindigkeit und theologischer Mucken. Soweit sie *Gebrauchswert* ist, ist nichts Mysteriöses an ihr. Ob ich sie nun unter dem Gesichtspunkt betrachte, daß sie durch ihre Eigenschaften menschliche Bedürfnisse befriedigt oder diese Eigenschaften erst als Produkt menschlicher Arbeit erhält. Es ist sonnenklar, daß der Mensch durch seine Tätigkeit die Formen der Naturkräfte in einer ihm nützlichen Weise verändert. Die Form des Holzes zum Beispiel wird verändert, wenn man aus ihm einen Tisch macht. Nichtsdestoweniger bleibt der Tisch Holz, ein ordinäres sinnliches Ding. Aber sobald er als Ware auftritt, verwandelt er sich in ein sinnlich übersinnliches Ding. Er steht nicht nur mit seinen Füßen auf dem Boden, sondern er stellt sich allen anderen Waren gegenüber auf den Kopf, und entwickelt aus seinem Holzkopf Grillen, viel wunderlicher, als wenn er aus freien Stücken zu tanzen begänne.«[4] Hier entwickelt Marx den Gedanken, dass bestimmte Prozesse in der Warenproduktion angelegt sind und dass in dieser Warenproduktion die Verkehrungen ihre Basis haben. Diese Verkehrungen können deshalb auch nicht einfach durch kluge Erkenntnis und politische Einflussnahme beseitigt werden. Wenn Marx von theologischen Mucken, von Mystifizierung spricht, dann sind das keine bloßen Geistesgebilde, die man durch Aufklärung und Erkenntnis beiseite schaffen könnte. Es ist Ideologie im strengen Sinne, falsches Bewusstsein, das mit dem materiellen Gewicht massenhafter Versprechen ausgestattet ist; Ideologie als objektiver gesellschaftlicher Schein enthält Glücksversprechen, Versprechen der Gleichheit, Versprechen der Freiheit, und der Äquivalententausch in der Gesellschaft ist ein wesentliches Moment dieser Täuschung. Es ist eben objektiver Schein, der die Ideologie ausmacht, nicht der Schein subjektiver Täuschung. Der mag hinzukommen, er ist aber nicht die Basis der theologischen Mucken und der Mystifizierung.

Was ist unter solchen Bedingungen überhaupt Realität? Kann man sich vorstellen, dass 750 Milliarden Euro, also das doppelte unseres Staatshaushaltes, diese Form kultureller Krise bewältigen könnten?

Wir sprechen heute über Milliarden, wie noch vor fünf Jahren über Millionen. Und es geht weiter, schon ist die Rede von mehreren Billionen; mittlerweile hat auch der Export die Billion erreicht. Manchmal kommt es mir vor, als signalisierten die Geldspekulationen in einer offenen Bedürfnisspirale Suchtverhalten. *In der phantastischen Macht des Geldes steckt ein Moment der Endlosigkeit, der ewigen Wiederkehr des Gleichen.* Und das hat nichts damit zu tun, was die Studentenbewegung einmal mit dem Novalis-Zitat haben wollte, »Die Phantasie an die Macht«, denn damals begrenzten noch viele Objekte die Geldbewegungen.

All das sind etwas hilflose Erklärungsversuche, weil ich mich scheue, einen Gedanken aufzuschreiben, der den Geisteszustand unserer Zivilisation charakterisiert: *Es könnte sein, dass wir von einer kranken Gesellschaft sprechen müssen, in der bewusste Politik ausgeschlossen ist, weil die Gesellschaft zum bloßen Anhängsel der wirtschaftlich Mächtigen und der Börsenkurse geworden ist.*

Bei diesen völlig neuartigen Verdrehungen von Macht und Ohnmacht, versagen alte politische Strategien fast vollständig. Politik ist eingebunden in diesen Verkehrungszusammenhang von Mystifizierungen und magischen Praktiken. Ein falsches Wort öffentlich ausgesprochen, kann ganze Volkswirtschaften an den Rand des Ruins treiben. Es ist wie in Märchen, in denen rätselhafte Formeln entscheiden, ob es für die Menschen einen guten Ausgang oder ein katastrophisches Ende gibt. Die neoliberalen Zauberlehrlinge haben ganze Arbeit geleistet: Auf allen gesellschaftlichen Ebenen haben sie die tätigen Geister in Freiheit gesetzt und ihnen eingeredet, der Besitzindividualismus sei auch das Glück des gesellschaftlichen Ganzen. Goethes Ballade verweist allerdings nachdrücklich auf die begrenzte Vernunft dieser Zauberlehrlinge, denen die entscheidende Formel, Kräfte zu bannen und in den Produktionszusammenhang zurückzubringen, entweder verlorengegangen ist oder nie zur Verfügung stand.

Auch in der Gegenwartsentwicklung ist etwas zurückzuholen, was sich wie die Besenstiele in Goethes »Zauberlehrling« besinnungslos verselbstständigt hat. Der systematische Fehler in der gegenwärtigen Entwicklung besteht darin, dass der gesellschaftliche Reichtum in den Ausdrucksformen des monetären Sektors, des Geldausdrucks, sich vom Produktions- und Lebenszusammenhang der Menschen völlig abgekoppelt hat. Es ist so, als hätte das Geld eine eigene Realität produziert, die mit den realen Produktions- und Lebenszusammenhängen gar nichts mehr zu tun hat. Das ist keine bloße Erfindung, das enthält Realitätsschichten, die zwar drückend sind, aber so konsequent unterschlagene Wirklichkeit enthalten, dass sie in den Handlungsfeldern möglicher Krisenbewältigung gar nicht vorkommen können. Drei Billionen Geschäftsakte gibt es täglich an den Devisen- und Finanzinstitutionen, nur drei Prozent dieser drei Billionen sind auf Aktivitäten der gesellschaftlichen Produktion bezogen, also zurückgekommen in die Produktionssphäre der Gesellschaft. Der Porsche-Chef hat vor einigen Jahren von einem Gewinn von 8,3 Milliarden Euro gesprochen, aber zugleich bedauert, dass der Umsatz nur 5,6 Milliarden betrug. Woher kommt dann dieser Gewinn?

Der größte Teil des gesellschaftlichen Reichtums geht uns verloren, wenn wir diese Strukturen nicht verändern. Wir können sparen und sparen, es wird nichts nützen, wenn dieser abgekoppelte Realitätszusammenhang nicht in die Gesellschaft zurückgebracht wird. Wenn man einen symbolischen Ausdruck nehmen will, dann könnte eine Gesellschaft erst dann gesunden, wenn diejenigen, die aktiv an der kollektiven Wertschöpfung beteiligt sind, über die Resultate dieser Wertschöpfung auch demokratische Verfügungsrechte besitzen. So verstehe ich auch die Botschaft in Geldangelegenheiten des ehemaligen Präsidenten des Sparkassen- und Giroverbandes: ohne Vertrauen und Loyalität der Menschen, die anderen Geld zu treuen Händen übergeben, und Betrug und Veruntreuung nicht befürchten müssen, ist auch in anderen gesellschaftlichen Bereichen zivilisierter gesellschaftlicher Verkehr nicht möglich.

Bindungsverlust und Bindungsbedürfnisse

Diese Verdrehungen und Mystifizierungen einer Realität, die nur noch schwer fassbar ist und der begrifflichen Fixierung häufig entgleitet, funktionieren nur in einem Marktgeschehen, das auf die Zerstörung von Bindungen setzt. Es ist eben einfacher, ganze Belegschaften aus Renditegründen in die Wüste zu schicken, die alle Bindungen verloren haben, als mit Menschen zurechtzukommen, die fest gebunden sind an die Stätten ihres Arbeits- und Lebenszusammenhangs. Der Siemensarbeiter, der darauf verweist, dass sein Vater, ja sein Großvater bereits bei Siemens gearbeitet hat, sodass geradezu Bindungstraditionen entstanden sind, wird leichter moralischen Widerstand mobilisieren können, als derjenige, für den der Arbeitgeber beliebig austauschbar ist.

Ich will noch einige Augenblicke bei dem Zusammenhang von Bindungen und Krise verweilen. Den Soziologen sind Umbruchsphasen bekannt, in denen sich die Enttraditionalisierung von Werten, Normen und Haltungen vollzieht; aber keiner bisherigen Gesellschaftsordnung ist es gelungen, praktisch sämtliche Traditionsbestände in einen äußerst beschleunigten Entwertungsprozess einzubeziehen. Dass man früher für ein ganzes Leben mit ausreichender Bildung ausgestattet worden sei, »jetzt« aber alle fünf Jahre umlernen müsse, wird schon in Goethes »Wahlverwandtschaften« beklagt. Ein gesellschaftlicher Zustand, in dem durch Totalisierung der Marktgesetze die letzten Sicherheitsreservate abgeräumt werden, ist aber doch etwas Neuartiges. Gräfin Dönhoff, ihrer ganzen Gesinnung nach Menschenrechtsliberale, spricht von der Notwendigkeit einer Zivilisierung des Kapitalismus. Es mag Züge der Vernunft tragen, wenn keine Partei sich mehr auf einen gesicherten Loyalitätsrückhalt verlassen kann; es mag Ausdruck von Befreiung sein, wenn die Menschen ohne gesonderte Aufenthaltsgenehmigungen Ort, Wohnungen und Arbeitsplätze wechseln können. Es ist aber eine soziologisch einigermaßen gesicherte Erkenntnis, dass dabei die Maßverhältnisse darüber entscheiden, ob dadurch ein Freiheitsgewinn entsteht oder neue Abhängigkeiten.

Zerstörte Bindungen führen dazu, dass sich die Gewaltpotenziale in der Gesellschaft vergrößern. Menschen, die im Innern und im Äußeren keine gesicherte Identität mehr haben, denen die Erfahrung einer klaren Ortsbestimmtheit fehlt, also eines Ortes, an den sie zwanglos zurückkehren können, wo sie fest verankert, wo sie verwurzelt sind – diese Menschen sind manipulierbar, deren Orientierungs- und Bindungsbedürfnisse sind durch fundamentalistische Wahrheits- und Sicherheitsversprechen gleich welcher Art umkehrbar, sie sind korruptionsanfällig. So wirkt sich das Grundmuster der Zerstörungen von Bindungen, das dem Leitbild einer betriebswirtschaftlichen Ökonomie folgt, auf die Geistesverfassung einer ganzen Gesellschaft und auf die komplexen Reaktionen der Menschen aus.

Was ich mit dieser gefährlichen Zerstörung von Bindungen meine, möchte ich an einem Beispiel erörtern. Im Dezember 2010 habe ich in der Reihe der Jaspers-Vorlesungen in Oldenburg einen Vortrag über die Figur des politischen Menschen gehalten. In diesen Vortrag bezog ich die Diskussion mit zwei Gymnasialklassen Oldenburgs ein, die am Abend vorher, mit mir zusammen die szenische Installation einer Gerichtsverhandlung besucht hatten. In dieser Szene, in der Juristen und Psychiater diskutieren und entscheiden, geht es um das 1910 verfasste Dissertationsprojekt von Karl Jaspers mit dem Titel *Heimweh und Verbrechen*. Das von Schweizer Schauspielern im Chemiehörsaal der Universität Oldenburg vorgeführte Stück behandelt Morde von Haushaltshilfen im Alter zwischen 16 und 19 Jahren, die von ihren Eltern zum Arbeiten weggeschickt wurden. Scheinbar grundlos wurden zu betreuende Kinder von diesen Haushaltshilfen umgebracht, und die Erklärung der Mörderinnen vor Gericht lautet lapidar: Ihr einziges Motiv sei das unerfüllt gebliebene Heimweh gewesen. Jaspers nimmt das zum Anlass für juristische und psychiatrische Reflexionen, beschränkt sich in seiner Dissertation aber wesentlich darauf, die Tatbestände zu klären und die dabei infrage stehenden Phantasien darzustellen. Es geht also um Kindermord. Einzelne dieser Haushaltshilfen haben die Kinder, die zu betreuen sie verpflichtet waren, nachts aus dem Schlaf geholt und in den Fluss geworfen. Als Begründung geben sie an, sie hätten Heimweh gehabt und dieses Heimweh sei nicht erfüllt worden. Deshalb haben sie die Grundlage ihres Arbeitsverhältnisses zerstört. Wenn die Kinder tot sind, haben sie nichts mehr zu tun und können wieder nach Hause. Die Diskussion mit den zwei Gymnasialklassen am Morgen nach der Aufführung konzentrierte sich über zwei Stunden derart auf die Bedeutung von Heimat, dass mir jeder Versuch, auf andere Aspekte dieser schrecklichen Begebenheit zu lenken, misslang. In gewisser Weise hat mich bestürzt, dass das Verbrechen selbst so wenig Aufmerksamkeit bei diesen Gymnasiasten hervorrief, während sie der Begriff Heimat regelrecht umtrieb. Es wurden eine ganze Reihe von Bestimmungen, Ortsbestimmtheiten genannt; sie verstanden Heimat als einen Ort, an den man zurückkehren kann, einen Ort in der Gesellschaft, von dem man nicht vertrieben werden kann. Die alten griechischen Fragen – wo stehe ich, wer bin ich, was bin ich, wo ist der archimedische Punkt, an dem die Welt in ihren Angeln hängt (poustō)? – kamen in einer Weise zum Ausdruck bei diesen jungen Leuten, dass ich bestätigt fand, was in der Shell-Studie behauptet wird, dass nämlich die Angst, entwurzelt zu werden, die Angst, Autonomie zu verlieren, bestimmten Freiheitsspielraum als enteignet zu erfahren, eine zentrale Rolle bei jungen Menschen spielt.

Man darf wohl diese Angst, enteignet und herumgestoßen zu werden, nicht als Einzelfall bagatellisieren; rechtsradikale Bewegungen in allen europäischen Ländern sind dabei, den Angstrohstoff, der durch Erweiterung des sozialdarwinistischen Überlebenskampfes beständig größer wird, für anti-demokratische und menschenverachtende Zwecke zu verarbeiten.

Was hat es also mit der Krise auf sich? Gibt es sie überhaupt? Was den ökonomischen Zusammenhang betrifft, gibt es genug Leute, die das Wort Krise für eine unangemessene Bezeichnung des gegenwärtigen Zustands betrachten. Wenn ein Land über 100 Milliarden Exportüberschüsse hat (inzwischen hat der deutsche Export eine Billion Euro erreicht), die bei anderen Ländern, die plötzlich Schuldnerländer sind, anti-imperiale Gefühle wecken, dann ist schwer von einer Krise zu reden. Aber es geht auch gar nicht darum, Krise auf den verengten Begriff von Konjunktur und Rezession zu bringen; selbst wenn Wachstum und Konjunktur wieder positive Tendenzen zeigen, kehren wir nicht zu den alten Verhältnissen zurück. Ich spreche, um den gegenwärtigen Zusammenhang in seiner abgründigen Selbstzerrissenheit kennzeichnen zu können, lieber von einer kulturellen Erosionskrise, einer Krise, die das gesamtgesellschaftliche Gefüge betrifft. Der französische Soziologe Durkheim hat treffend von einer anomischen Situation gesprochen, die man als eine Zwischenwelt in ihrer Geltung infrage gestellter, aber noch vorhandener Werte und Institutionen charakterisieren kann. Zuweilen hat Durkheim von einem moralischen Vakuum gesprochen, in dem alte Wertbestände, Institutionen, Regeln nicht mehr unbesehen gelten, neue noch nicht da sind, aber intensiv gesucht werden. Hierbei zeigt sich, dass alte Bindungen aufgelöst, ja zerstört werden, aber die Bindungsbedürfnisse dadurch nicht abnehmen. Wir leben in einer Gesellschaft epochaler Umbrüche, und dass für die Bewältigung dieser epochalen Krise nur die begrifflichen Mittel betriebswirtschaftlicher Rationalität verfügbar sind, zeugt von der gegenwärtigen, traurigen Verfassung der entwickelten kapitalistischen Länder. Die Gefahren für eine Entdemokratisierung der Gesellschaft sind nicht hoch genug einzuschätzen. Um es noch einmal zu sagen: *Wenn der Angstrohstoff von Menschen, die in ihrer Tätigkeit und ihrem Überlebenskampf erhebliche Teile ihrer Lebensenergie verbrauchen, beständig anwächst, sammeln sich an allen Ecken und Kanten der europäischen Gesellschaft die politischen Scharlatane und die Propheten des kollektiven Unheils.* Die Tragödie des 20. Jahrhunderts zeigt, dass solcher Angstrohstoff nicht lange unbearbeitet bleibt, vielmehr findet er sehr schnell Abnehmer, die ihn für das Arsenal menschenfeindlicher Strategien sehr gut gebrauchen können.

Es ist also davor zu warnen, die gesellschaftliche Situation, in der wir uns befinden, auf die rein ökonomische Dimension zu reduzieren. Gemessen am gewaltigen Ausmaß der Krise und an den Anforderungen, welche die zu spezifischen Handlungsfeldern umgewandelten Krisenherde an uns stellen, sind die begrifflichen und praktischen Hilfsmittel unglaublich mager und phantasielos. Man denke nur an die geistige Situation zur Zeit Preußens, als die französische Armee das Land besetzte und Reformer wie Hardenberg, Humboldt, Stein, Gneisenau und andere auftraten. Wenn denn alles versagt hat, erklärte Humboldt dem König – das

Militär, die Verwaltung, die Schulen und Hochschulen –, dann müsse ein Land wie Preußen wenigstens ein Bewusstsein davon entwickeln, wie eine solche Katastrophe zustande kommt. Die Universitäten seien nichts anderes als akademische Bergwerke, also müsse die Universitätslandschaft grundlegend verändert werden. Nicht die medizinischen, nicht die juristischen und schon gar nicht die theologischen Fakultäten könnten einen Beitrag zu dieser Bewusstseinsbildung leisten. So wird die philosophische Fakultät zum Zentrum der Humboldt'schen Bildungsreform. Nur freie und auf das Ganze gehende Gedanken können Abhilfe in dieser Notsituation schaffen. *Es ist ein bedrückendes Armutszeugnis der intellektuellen Situation im entwickelten Europa, dass die betriebswirtschaftliche Mentalität, die sich durch eine Art Kontamination verbreitet hat, das Denken und Haushalten in Kategorien des Ganzen Hauses total überlagert, dass nachhaltige Investitionen in die Zukunft praktisch nicht möglich sind.* Ich will drei ideologische Komplexe erörtern, um die herum falsche Erwartungen von Krisenlösungen organisiert sind. Es ist zum einen die Polarisierung, zum anderen die Ideologie der Flexibilisierung und schließlich langfristig die Abkoppelung. *Polarisierung, Flexibilisierung und Abkoppelung sind die entscheidenden Mechanismen, mit denen das Krisenmanagement gegenwärtig hantiert, so als wären diese Strategien alternativlos.* Die in diesen Zonen verkörperten Probleme haben eine europäische Reichweite; sie sind Strukturprobleme in jedem einzelnen Land, sind also durch bloße Zentralisierung und Souveränitätsopfer der Einzelstaaten nicht lösbar.

Jürgen Habermas hat mit Recht auf die Differenz zwischen der gegenwärtigen Konstitutionsphase einer europäischen Verfassung und jener Öffentlichkeit hingewiesen, die in den US-amerikanischen *Federalist Papers* dokumentiert ist; eine Verfassung zu verabschieden, in der die Balance zwischen föderativen und zentralen Strukturen gewahrt wird, hat heute ein ganz anderes Gewicht als in der Zeit um 1800. Es geht in Europa um eine Entwicklungsgeschichte von mehreren Jahrhunderten, die nationale Eigentümlichkeiten geprägt hat, welche keine Zentralbehörde, sei sie noch so sicher legitimiert, durch Dekrete wird aufheben können. Das wäre hinreichend, wenn es nur um ein vereintes Europa auf imperialer Basis ginge, wie es wohl Napoleon beabsichtigte. Ein Europa mit dreißig oder mehr Nationalstaaten, die alle von Zeit zu Zeit ihre kulturellen und politischen Souveränitätsansprüche geltend machen, ist in der Herstellung lebendiger demokratischer Mitbestimmungs- und Selbstbestimmungsverhältnisse mit ganz anderen Anforderungen belastet.

Drei Herrschaftsmechanismen, die sich als Krisenlösungen präsentieren: Polarisierung, Flexibilisierung, Abkoppelung

Dies sind drei Begriffe, die auf Probleme verweisen, mit denen wir es in den entwickelten Gesellschaftsordnungen zu tun haben. Es sind Prozesskategorien, d. h. begriffliche Merkmalseinheiten, um die herum Krisenherde und Handlungsfelder bestimmt werden können. In allen dreien ist Empörungsstoff angesammelt. Aber die in diesen drei Feldern tätigen Wutbürger benötigen eine weite Strecke, um sich das Ansehen des *citoyen* zu verschaffen. *Was sie allerdings dokumentieren und in ihren Protesten zum Ausdruck brin-*

gen, gehört zu den zentralen Widerstandselementen einer neuen außerparlamentarischen Opposition, welche die Gerechtigkeitsfrage ins Zentrum gerückt hat. In allen diesen Protesten, ob es sich nun um Stuttgart 21, Gorleben oder die Occupy-Bewegung handelt, ist der Verdacht auf Korruption in der Verfahrensrationalität Gegenstand der langjährigen Proteste. Alles scheint nach Recht und Gesetz organisiert zu sein; das ist freilich ein neues Problem, wenn die Frage auftaucht, warum denn so viele Menschen das Gefühl haben, dass es in dieser Gesellschaft nicht gerecht zugeht. Dass heute wieder sehr viele auf die Straße gehen, um für ihre Rechte zu kämpfen, auch für die Erhaltung sozialstaatlicher Errungenschaften, ist ein hoffnungsfrohes Signal. *In keinem dieser Proteste fehlt der Widerstandsgeist von Utopien, in deren Zentrum wiederum Gerechtigkeitsfragen stehen; diese werden auch dann gestellt, wenn die rechtsstaatlichen Verfahren unstrittig sind*. Auf lange Sicht beruht die Haltbarkeit des Rechtsstaates auf der Lebendigkeit des Rechtsempfindens, wie es Kleist seinem Empörer Michael Koolhaas attestiert, dessen Rechtsempfinden einer Goldwaage glich. Es ist eben dieses sensible Unterscheidungsvermögen zwischen der Verfahrensrationalität der Gesetzgebung und der darunter liegenden Gerechtigkeitsvermutung, die Gustav Radbruch im Auge hat. In seinem 1945 verfassten brillanten Text »Fünf Minuten Rechtsphilosophie«, hält er in der vierten Minute fest: »…es kann Gesetze von einem solchen Maße von Ungerechtigkeit und Gemeinschädlichkeit geben, dass ihnen die Geltung, ja der Rechtscharakter abgesprochen werden muss.«[5] Radbruch spricht vom »gesetzlichen Unrecht« und vom »übergesetzlichen Recht«; es müsse der Wille zur Gerechtigkeit die Substanz der Gesetze sein, sonst fehle ihnen der Rechtscharakter. Im Zusammenhang der drei Kategorien, die ich als Herrschaftsmechanismen bezeichnet habe: Polarisierung, Flexibilisierung, Abkopplung, will ich diese Gerechtigkeitsfrage durchbuchstabieren.

Was die Gesellschaft auseinandertreibt: Polarisierung

Es ist schon bestürzend und erweckt allgemeines Erstaunen, wenn festzustellen ist, dass in weniger als zwanzig Jahren der gesellschaftliche Zusammenhang Risse und Verwerfungen erfahren hat, die nicht von außen kommen, sondern das innere Gefüge betreffen. Es beruht nicht auf agitatorischer Spekulation, wenn Kritiker darauf hinweisen, dass die Akkumulation von Reichtum in den Händen weniger ein Niveau erreicht, wie vor der Französischen Revolution von 1789. Damals waren es die räuberischen Grundeigentümer und die nie satt werdende Kirche, heute sind es Konzerne und Privatpersonen, die unglaubliche Reichtümer angesammelt haben und durch ihre politischen Repräsentanten, die sich der Wirtschaft nahe fühlen, fortwährend Sparmaßnahmen für Gesundheit, Bildung und Wissenschaft verkünden. Es ist ein moralischer Skandal, dass in einer der reichsten Gesellschaftsordnungen der Welt und unserer eigenen Geschichte – nämlich in Deutschland – jedes fünfte Kind unter Armutsbedingungen aufwächst. Das sind Tatbestände, die freilich immer weniger Menschen hinzunehmen bereit sind. *Empört euch,* so heißt eine schnell Millionenauflage erreichende Schrift des französischen Widerstandskämpfers Stéphane Hessel; und es gibt tatsächlich Anfänge einer Bewegung gegen die Wallstreet, Widerstandsversuche, die zunächst vielleicht nur kollektive Ermutigungen sind, aus depressiver Ohnmacht auszubrechen: Occupy Wallstreet signalisiert hoffnungsfrohe Zeichen des Widerstandes gegen Verhältnisse, die keine Naturtatsachen sind, sondern Ergebnisse von partikularen Interessen und Machtkonstellationen, welche die demokratische Grundstruktur der Gesellschaft bedrohen. In einer jüngst erschienenen Streitschrift hat Heribert Prantl unter dem programmatischen Titel: »Wir sind viele«, mit christlichem Pathos drapierte Werte noch einmal in Erinnerung gebracht, die in den ökonomischen Machtzentralen mit Füßen getreten werden.

Diese Streitschrift Prantls erinnert mich an eine Passage aus Hannah Arendts *Eichmann in Jerusalem,* wo sie Antworten auf die Frage zu formulieren versucht, warum nicht mehr Menschen gegen das Verbrechensregime opponiert haben? Sie sagt, zur Kraft des Widerstandes gehört auch die Erinnerung, die Geschichte des Widerstandes. Von vielen und von einzelnen, wie jenem Feldwebel Anton Schmidt, der im Jerusalemer Prozess erwähnt wurde, weil er jüdischen Partisanen, ohne von ihnen Geld zu verlangen, zur Flucht verhalf und schließlich hingerichtet wurde. Zur Wiedergewinnung des inneren Gleichgewichts einer Gesellschaft bedarf es eines kollektiven Gedächtnisses, das auch die Widerstandstradition lebendig hält. *Die Widerstandserzählungen gehören zentral zum ermutigten Widerstand*. Es ist dabei nicht von besonderem Gewicht, welcher Art der Terror ist, der Menschen in Wut und Verzweiflung versetzt: »Denn die Lehre solcher Geschichten ist einfach, ein jeder kann sie verstehen. Sie lautet, politisch gesprochen, dass unter den Bedingungen des Terrors die meisten Leute sich fügen, *einige aber nicht*. So wie die Lehre, die man aus den Ländern im Umkreis der ›Endlösung‹ ziehen kann, lautet, dass es in der Tat in den meisten Ländern geschehen konnte, aber daß es *nicht überall geschehen ist*. Menschlich gesprochen ist mehr nicht vonnöten und kann vernünftigerweise mehr nicht verlangt werden, damit dieser Planet ein Ort bleibt, wo Menschen wohnen können.«[6] So ist es die entscheidende Frage, ob man etwas dafür tun kann, *dass aus den einigen Wenigen mehr werden*.

Aber gerade weil es mehr werden, die empört Widerstand leisten und gegen die ungerechten Verhältnisse öffentlich protestieren, ist ein langer Atem nötig, um die Kraftquellen des Widerstands für eine vernünftig organisierte Gesellschaft zu nutzen. *Dass in vielen Ländern der Welt autoritäre und diktatorische Systeme zu Fall gebracht werden, dokumentiert die Macht der Hoffnungslosen und Ohnmächtigen; aber alle Herrschaftssysteme haben sich in der Regel vorsorglich mit Mitteln ausgestattet, selbst Revolutionen zu überleben*. Lenins berühmte Definition der revolutionären Situation bezeichnet daher eine Konstellation, die es wohl nur in der Oktoberrevolution gegeben hat – und seine Definition berührt auch nur den Akt des Umsturzes, nicht den daran anschließenden revolutionären Prozess: »Zur Revolution genügt es nicht, daß sich die ausgebeuteten und geknechteten Massen der Unmöglichkeit, in der alten Weise weiter zu leben, bewußt werden und eine Änderung fordern; zur Revolution ist es notwendig, daß die Ausbeuter *nicht* mehr in der alten Weise leben und regieren können. Erst dann, wenn die ›unteren Schichten‹ die alte Ordnung nicht mehr *wollen* und die ›Oberschichten‹ nicht mehr in der alten Weise leben *können,* erst dann kann die Revolution siegen. Diese Wahrheit läßt sich mit anderen Worten so ausdrücken: Die Revolution ist unmöglich ohne eine gesamtnationale (Ausgebeutete wie Ausbeuter erfassende) Krise.«[7] Walter Benjamins Definition der Revolution ist vorsichtiger, aber realitätshaltiger, denn die von Lenin genannten Oberschichten können in der Regel auch dann Machtmittel für den Erhalt ihrer Herrschaft mobilisieren, wenn ihre Lage aussichtslos erscheint. Und eine »gesamtnationale Krise« wirkt sich selten zugunsten der »unteren Schichten« aus. In den Fragmenten zu seinen geschichtsphilosophischen Thesen schreibt Walter Benjamin: »Marx sagt, die Revolutionen sind die Lokomotiven der Weltgeschichte. Aber vielleicht ist dem gänzlich anders. Vielleicht sind die Revolutionen der Griff des in diesem Zuge reisenden Menschengeschlechts nach der Notbremse.«[8]

Es ist freilich nicht nur die *Polarisierung* von Arm und Reich, wodurch Protestbewegungen bis hin zu revolutionären Aufständen motiviert sind. Es sind vor allem die Maßverhältnisse des gesellschaftlichen Zusammenlebens, die grundlegend gestört sind, wodurch jede Form der Leistungsgerechtigkeit infrage gestellt ist. Schon Aristoteles beklagt, dass dort, wo sich der Reichtum in wenigen Händen ansammelt, sodass die Normalbürger der Polis verarmen, eine haltbare Verfassung unmöglich ist. Die Armen suchen sich ihre Tyrannen, von denen sie die Veränderung der Besitzverhältnisse erhoffen, aber die Reichen sind schlimmer: *ihnen ist das Gemeinwesen, die Polis, völlig gleichgültig.*

Aber diese Wirklichkeitsschicht der materiellen Spaltungen in der Gesellschaft deckt nicht alles ab, was mit dem Begriff der Polarisierung gemeint ist. Polarisierung hat in den vergangenen zwanzig Jahren den Status einer Krisenlösungspolitik angenommen; es ist der einer auf Konkurrenz und Vernichtungswettbewerb beruhenden Gesellschaft innewohnende Mechanismus der Verwertung und der Ressourcenausnutzung. *Politik greift diese betriebswirtschaftlichen Kategorien auf und wendet sie, praktisch unabhängig von den Zeitstrukturen der jeweiligen Produktions- und Lebensprozesse, auf nahezu alle Gesellschaftsbereiche an; so auch auf das gesamte Bildungssystem.*

In den 80er Jahren des vergangenen Jahrhunderts sind zwar schon Abbautendenzen der sozialliberalen Reformen im Bildungsbereich deutlich erkennbar; gegenüber der kognitiven Ebene des Lernens sind soziale und emotionale Lernprozesse immer stärker an den Rand gedrängt worden. Aber den Gedanken, Schulen und Universitäten nach Prinzipien von Industrieunternehmen zu organisieren und die Räume für die kreativen Potentiale der Forschung, der Lehre, der Erziehung, daraus auszugliedern und mit besonderen Privilegien auszustatten, darauf sind doch nur die Bildungsexperten der Unternehmerverbände gekommen. *Eine irrige Modernisierungsauffassung sozialdemokratischer Provenienz hat in den beiden vergangenen Jahrzehnten wesentlich dazu beigetragen, die Polarisierung als Medium der Gesellschaftsentwicklung hoffähig zu machen.* Gerade auch die sozialdemokratischen Minister aller europäischen Regierungen haben spekuliert, was einmal die Elite-Universitäten oder die Elite-Schulen sein könnten. Es ist eine bedauerliche Fehleinschätzung der Krisengründe und der Krisenlösungen, wenn in demokratischen Gesellschaftsordnungen wieder Eliten installiert werden, deren traurige Rolle in der Geschichte des zwanzigsten Jahrhunderts nach 1945 so unstrittig war, dass selbst das Wort nur noch von erzkonservativen Gegenaufklärern benutzt wurde. Einer der frühen Elite-Philosophen, Vilfredo Pareto, hat von der Geschichte als dem »Friedhof der Eliten« gesprochen. Wenn das deren Opfer mitberechnet, ist das durchaus eine zutreffende Feststellung.

Dass Eliten zur Lösung unserer zentralen Lebensprobleme nichts beitragen, ist hinreichend dokumentiert durch die Absolventen der Ivy-Universitäten, deren hochdekorierte Berater Kennedy in den Vietnamkrieg und Georg W. Bush in den Irakkrieg beraten haben. Zu dieser bildungspolitischen Aufspaltung der Kulturlandschaft mag passen, was in den Bolognaregeln für den Normalbürger an »Halbbildung« übriggelassen wird. *Wer die Universitäten zu Fachhochschulen degradiert und kritisches Lernen sowie Bildung politischer Urteilskraft kaum mehr zulässt, muss wissen, dass eine komplexe und demokratisch verfasste Gesellschaft gerade solche Lernprozesse nötig hätte.* Es ist fatal, wenn diese Gesteinsverschiebungen in der Gesellschaft wieder rückgängig machen, was in mühevoller Begründungsarbeit und in politischen Auseinandersetzungen erreicht wurde: Bildung als Bürgerrecht, das von der Finanzstärke der Eltern unabhängig in Anspruch genommen werden kann.

Es ist bedauerlich, wie gerade auch aus sozialdemokratischer Richtung der Glaube kommt, dass die Förderung von Exzellenzuniversitäten den Produktionszusammenhang der Gesellschaft motiviert, vorhandene Reserven optimal auszuschöpfen. Nichts dergleichen lässt sich empirisch untermauern. Wenn überhaupt, funktioniert dieses Elitesystem der Bildung und der Ausbildung nur dort, wo es eine entfaltete Stiftungskultur gibt. Einer der ersten großen Stifter, noch vor Rockefeller, Andrew Carnegie, der praktisch sein gesamtes Vermögen in Stiftungen untergebracht hat, prägte die Formel: »Wer als Reicher stirbt, der hat Schande über sein Leben gebracht.« Ackermann und seine neoliberalen Kampfgenossen geben dem Gemeinwesen nur wenig zurück; sie stiften nicht. Für den calvinistisch angehauchten Geschäftsmann amerikanischer Herkunft ist ein finanzielles Opfer für das Gemeinwesen häufig eine Selbstverständlichkeit. Die Gnadenwahl ist nicht durch Reichtum oder Tätigkeit zu erreichen, aber man weiß nie, ob Spenden ganz oben nicht wohlwollend aufgenommen werden.

Man kann sich Gedanken darüber machen, was die Erben großer Reichtümer und jene Gesellschaftsclique, die durch Raubbau am produzierten Gesellschaftsvermögen oder durch Spekulation das kollektive Produktionsvermögen beraubt haben, damit machen; für Carnegie war das klar. Den verbliebenen Teil seines Vermögens gab er der Gesellschaft zurück. Lehrerpensionsfonds gründete er, Stiftungen zur Friedenssicherung und vieles andere. Diese privatisierten Mittel gehen heute der Arbeit an der Strukturveränderung der Gesellschaft verloren, die notwendig wäre, um Auswege aus der Krisensituation zu beschreiten. *Polarisierung ist deshalb kein Element des produktiven Veränderns der gesellschaftlichen Verhältnisse und der Anreicherung der Gemeinwesenstätigkeiten. Polarisierung treibt die Gesellschaft auseinander und alle Elemente solidarischer Ökonomie werden gesprengt.*

Aber auch die dritte Wirklichkeitsschicht, nämlich die Störung der Maßverhältnisse zwischen Peripherie und Zentrum, erhöhen die Störanfälligkeit des Gesellschaftssystems. Wenn Zentren gefördert werden und Peripherien veröden oder gar vom

Zentrum abgekoppelt werden, dann entstehen Banlieues wie in Frankreich und gewalttätige Jugendproteste wie in England, die von Peripherien ausgehen und allmählich ins Zentrum vordringen. Schon bilden sich auch in Deutschland Armenviertel in den Randgebieten der Großstädte. Wie lange wird es dauern bis sie aussehen wie die Favelas in São Paulo?

Es ist gefährlich anzunehmen, man könne durch punktuelle Fördermaßnahmen der Verödung der Regionen vorbeugen. Die Förderung des Zentrums wird als Krisenlösungsstrategie betrachtet. Das ist objektiv eine Täuschung und politisch eine Spekulation mit risikoreichen Einsätzen. Zur Krisenlösung oder auch nur zur Erkenntnis der Krise trägt diese Form der Polarisierung gesellschaftlicher Kräfte absolut nichts bei.

Es ist eine dem Soziologen bekannte Einsicht, dass jedes haltbare Gesellschaftsgefüge nach Grundsätzen konstruiert ist, die in je spezifischen Arbeits- und Lebenszusammenhängen für ein als gerecht empfundenes Maßverhältnis sorgen. Als Aristoteles unter dem Gesichtspunkt der Haltbarkeit bestehende Verfassungen durchmusterte, traf er immer wieder auf das Problem, dass nur die Institutionen Bürgerkriege und Kriege zwischen den einzelnen Stadtstaaten überlebten, welche Kräfte der Mitte zum Tragen brachten. Die *Tugend der Mitte,* diese schärfste Polarisierung, ist seit Aristoteles in jeder politischen Philosophie zu finden, die sich um die Konstitution eines freien Gemeinwesens bemüht. In der bürgerlichen Welt heißt das: nicht zu reich und nicht zu arm. Dabei geht es keineswegs nur um das mittelständische Kleineigentum, das als die Grundlage einer solchen haltbaren Gesellschaft betrachtet wird; es ist wie bei John Locke und Tocqueville ein Grundprinzip der Territorialstaaten, ohne deren Geltung keine Verfassung Bestand hat.

Die Dialektik von Zentrum und Peripherie spielt deshalb in jeder modernen Verfassung eine Rolle. Sie zeigt sich nicht immer im Begriffskleid der herkömmlichen politischen Philosophie, aber sie ist heute im europäischen Einigungsprozess genauso anwesend wie in jener großartigen Öffentlichkeit, die um 1800 den in den *Federalist Papers* dokumentierten Kampf um die Machtbegrenzungen der Zentralregierung erkennbar macht. Gewiss, es geht bei diesen von Hamilton, Madison und Jay hergestellten öffentlichen Reflexionsprozessen über die künftige US-amerikanische Verfassung wesentlich um institutionelle Festlegungen und nicht primär, wie die Herausgeberin Barbara Zehnpfennig sagt, um die Frage einer gerechten Ordnung, dem guten Leben. Aber unter den 85 Artikeln, von denen Hamilton 51 geschrieben hatte, lässt sich doch Text für Text (und das völlig unabhängig von den politischen Optionen des Verfassers) das brodelnde Grundproblem erkennen: *Wie sind die Wünsche, Bedürfnisse, Weltvorstellungen so in ein institutionelles Geflecht einzubringen, dass alle Distanz zu den politischen Entscheidungsinstitutionen den lebendigen Erfahrungsraum der Menschen nicht zerstört?*

Nehmen die Menschen sich ganz in ihren Persönlichkeitsbereich zurück, betreiben also eine Art *cocooning* (einspinnen, wie in einem Kokon), dann werden ihnen die politischen Institutionen gleichgültig; das kann sich ein demokratisches Gemeinwesen auf Dauer nicht leisten. Monaden, die nach Leibniz bekanntlich keine Fenster haben, sind keine politisch aktivierbaren Lebewesen. Worum die Verfasser der *Federalist Papers* in allen ihren Artikeln (übrigens unter demselben Pseudonym *Publius*) ringen oder kämpfen, das hat mit der gegenwärtigen Problematik der europäischen Einigung sehr viel zu tun. Um es einfach auszudrücken: *Viele Menschen empfinden die europäischen Institutionen zu weit entfernt von ihren Lebensverhältnissen; wenn sie sich auf Grund dieser wachsenden Gefühlsdistanz aus der Gesellschaft zurückziehen, dann beginnen sie, ihre Näheverhältnisse als die einzig lebenswerte und beständige Basis ihrer Existenz zu betrachten.* Für jede Gesellschaftsform, deren politische Klassen bloß an Machterwerb und Machterhalt orientiert sind, ist eine solche Haltung der Mehrheit, sich möglichst nicht in die Zwistigkeiten oder Herrschaftsansprüche der Mächtigen einzumischen, ein idealer Zustand. *Für eine demokratische Gesellschaftsordnung ist diese Haltung aber tödlich.*

Wenn die Balance zwischen Distanz und Nähe dauerhaft gestört ist, sodass jene Institutionen und öffentlichen Räume verschwinden, die sich den Menschen als *erfahrbare Zwischenwelten* anbieten, dann verkümmert allmählich der Sinn für das Wohl und Wehe des Gemeinwesens. Individualisierungsschübe überlagern die Subjektseite; Gesellschaft erscheint als abstrakter Hintergrund, nicht als substanzielle Grundlage des individuellen Lebens. Hartmut von Hentig hat mit Recht davon gesprochen, dass für eine Demokratie die *»lebbaren Einheiten«*, also jene Räume entscheidend sind, in denen die Menschen gesellschaftliche Erfahrungen machen können; aber gerade sie sind von betriebswirtschaftlicher Rationalisierung bedroht. Die Reaktion auf diesen Verlust bleibt nicht aus; sie ist jedoch äußerst zwiespältig. Die Rechte mobilisiert Heimatgefühle und die in Jahrhunderten geprägten nationalen Besitzstände an Sprache und Kultur. Was die Orbán-Truppe in

Ungarn veranstaltet, ist vielleicht nur der Anfang eines gesamteuropäischen Erosionsprozesses, bei dem am Ende die Demokratie auf der Strecke bleiben könnte.

Auf der anderen Seite, dem inzwischen vielfältig beackerten Territorium der Linken, zeigen sich Reaktionen, in denen das Globalisierungsgeschehen durchaus ernst genommen wird, aber nicht mit einer Entwertung des Besonderen, des regionalen Lebenszusammenhangs verknüpft ist. Symbolisch drückt das vielleicht am besten aus, was mit den Occupy-Ideen gemeint ist: Nicht sich in Nischen verkriechen, sondern die politischen Handlungsfelder auf den Vorplätzen der Wallstreet, in Sichtweite zu den wirtschaftlich Mächtigen, aufbauen. Einer der Wortführer der Occupy-Bewegung, Mark Greif, Literaturwissenschaftler der New Yorker New School, hat diesen Gedanken ortsansässiger Politik prägnant formuliert: »Wenn es eine Vorstellung gibt, der die Occupy-Lager in New York, Oakland, Los Angeles, Atlanta, Chicago, Boston, Washington und hundert weiteren Orten am ehesten entsprechen, dann ist das wohl das Bild von der amerikanischen Kleinstadt, welches wir alle in uns tragen. Ich finde es erstaunlich, dass das noch niemand so gesagt hat. Andererseits wurde mir das selbst erst klar, als wir sie schon verloren hatten: die Kleinstadt mit ihrem Postamt, mit ihrer städtischen Bücherei, dem Speiselokal – jenen Orten, an denen sich die Bürger der Stadt früher in einem informellen Rahmen begegnen konnten. Das ›Occupy-Wallstreet‹-Lager hatte sein eigenes Kommunikationszentrum, eine öffentliche Bibliothek, ein Küche; man konnte sagen, dass die Art und Weise, wie diese Einrichtungen über den Zuccotti-Park verteilt waren, an eine Kleinstadt in Kleinformat erinnerte.«[9] Gerade das ist es, was mit den lebbaren Einheiten gemeint ist, in denen Distanz und Nähe abgewogen sind.

Die Herrschaftsmechanismen der Polarisierung sind nur kenntlich zu machen und durch politisches Handeln in ihren fatalen Folgen zu bekämpfen, wenn sie Gegenstand eines kollektiven gesamteuropäischen Lernprozesses werden. Sie bleiben ungebrochen wirksam, wenn sich der europäische Reformgeist im Regierungshandeln und in den von oben kommenden rechtlich-institutionellen Regelungen erschöpft.

Identitätsbedrohende Flexibilisierungsideologien

Tragen die Polarisierungsstrategien zur Erosion des gesellschaftlichen Zusammenhangs bei, so ist der Erfolg dieser Herrschaftsoperationen jedoch nur dann gesichert, wenn der Zugriff auf die Widerstandskraft der Subjekte gelingt. Die Ideologie der Flexibilisierung, die in der offiziellen Meinungsbildung der Gesellschaft den Status eines Naturereignisses hat, ist wesentlich daran beteiligt, gesellschaftliche Privilegienstrukturen zu festigen und zu erweitern. Es ist deshalb notwendig, in einem ideologiekritischen Zugang zur bestehenden Gesellschaft den Komplex Flexibilisierung aus den bloß technischen Beziehungen zum Arbeitsplatz zu lösen und in das gesamtgesellschaftliche Problem von Bindungen und der Fragmentierung von Lebenswelten einzubeziehen. Flexibilisierung ist, neben der Praxis der Polarisierung, wesentlicher Bestandteil dessen, was in der soziologischen Tradition Ideologie bedeutet; in ihr verschränken sich Wahrheit und Lüge, Täuschungen haben den Status des objektiven Scheins. Diese Ideologien zu bekämpfen und aufzulösen, setzt andere Erkenntniskräfte und andere politische Planungen voraus, als das strategische Bemühen, Vorurteile zu benennen und aufzulösen.

Je flexibler die Menschen sind, desto intensiver kann die Selbstwahrnehmung erweiterter Freiheitsspielräume sein; mit diesem Freiheitsversprechen spielt die Flexibilisierungsideologie, aber die andere Seite der Flexibilisierung, die Nutzbarmachung für die Marktgesetze und deren vereinnahmende Elemente, wird sehr schnell bedrückend. Es gibt ein interessantes Buch von Richard Sennett mit dem Titel *Der flexible Mensch.* Jeder, der nicht als borniert gelten möchte, wird für sich in Anspruch nehmen, flexibel zu sein. Dieses Buch analysiert nun aber die Erosion der US-amerikanischen Mittelschicht. Sennett hat für die amerikanische Ausgabe den Titel *The corrosion of character* gewählt, was doch etwas anderes bedeutet, als das, was im Freiheitsversprechen von Flexibilität enthalten ist. So lässt sich dieses Buch in seiner eigentümlichen Ankündigung als Beitrag zur »Deutschen Ideologie« verstehen; freilich in einem nicht-affirmativen Sinne. Die Erosion, oder genauer: die Korrosion, also die Zersetzung des Menschen signalisiert doch eine innere Entwicklungstendenz, die in den Vereinigten Staaten immer einige Jahrzehnte vor der europäischen Entwicklung liegt; das *alte Europa,* wie es während des Irakkrieges diskriminierend genannt wurde, ist durch sozialstaatliche Barrieren in der Auflösungstendenz des gesellschaftlichen Zusammenhangs blockiert. Das will Sennett ausdrücken, wenn er feststellt, dass nur ein Baum, der Wurzeln geschlagen hat, also fest verankert ist, in Sturm und Wind flexibel bleibt; was auf menschliche Verhältnisse übertragen bedeutet, dass nur die Menschen flexibel sind, selbst im Zusammenhang der Warenproduktion, die eine stabile Identität und Urteilsfähigkeit ausgebildet haben.

So verstehe ich Ernst-Wolfgang Böckenfördes Einwand gegen die Selbstglorifizierung der Globalisierungspatrioten, die unentwegt die Zukunftspotenziale beschwören, ohne den Blick auf die Masse der kulturellen Erbschaften zu richten. Mit Recht stellt Böckenförde fest, im Grunde zehre unsere Gesellschaft noch von der Substanz, die wir nicht erzeugt haben und auch nicht erzeugen könnten. Das betrifft die Identitätsbildung der Menschen, aber natürlich auch das gesamte soziale Gefüge einer gesellschaftlichen Ordnung und den Umgang mit abweichendem Verhalten, Ausstattung der Gefängnisse und der Schulen; es kennzeichnet den Kulturzustand einer Gesellschaft, wie viele Menschen ihre Lebenszeit im Gefängnis verbringen. Das im Flexibilisierungssyndrom enthaltene Freiheitsversprechen kann nur dann umgesetzt werden, wenn es sich vorgängig um urteilsfähige Menschen mit einer Identität und realitätsprüfenden Instanz des Subjekts handelt. Wo das Erziehungs- und Bildungssystem nicht darauf gerichtet ist, wird eine Gesellschaft immer gewalttätiger, die Identitätsbildung immer schwieriger. Darin stecken Zentralprobleme einer gesamteuropäischen Solidargesellschaft, die einem Spanier oder einer Lettin nachvollziehbare und spürbare Vorteile verschaffen könnte. Die Ideologie der Flexibilisierung hat unmittelbare Bedeutung für eine falsche Strategie des Umgangs mit dem, was man Arbeitsgesellschaft nennt. Wenn es eine Charakterfrage sein soll, ob man flexibel ist oder nicht, sich zu bewegen und nach Arbeitsplätzen zu suchen und schließlich auch zu finden, dann unterstellt das eine völlig intakte Gesellschaftsordnung. *In dieser Ideologie steckt in der Tat die Annahme, es sei genug Arbeit da, man müsse nur beweglich genug sein, um sie zu suchen und zu finden. Flexibilisierung trägt zum objektiven Schein bei, die Arbeitsgesellschaft sei in ihrer Grundstruktur unveränderlich und ganz in Ordnung. Dieser Optimismus ist verfehlt und führt immer weiter in die gesellschaftliche Misere.*

Die lauthals und heuchlerisch beklagte Auflösung der Ethiken beruflichen Handelns (wie heute beispielhaft vorgeführt an der Schicht der Banker), verschleiert das Problem einer bewusst hergestellten Entwertung beruflicher Qualifikationen, die ein produktives Rückgängigmachen von Fragmentierungen und Arbeitsteilungen ermöglichen würden. Es mag ja sein, dass in der Sphäre der politischen Repräsentation die Lockerung von Bindungen und Loyalitäten als Reifungsprozess der politischen Urteilskraft verstanden werden kann. Die Auflösung und Zerstörung von Bindungen im gesellschaftlichen Zusammenleben der Menschen betrifft aber nicht Kleinigkeiten der Lebenszusammenhänge, sondern tastet die Kultur in ihren Fundamenten an. *Fragmentierung und Flexibilisierung, diese betriebswirtschaftlich-technischen Instrumente zur Zerfaserung der Ich-Identität und zur Zerstreuung der Lebensenergien, dienen vor allem der Herrschaftssicherung. Die sogenannten öffentlichen Diskurse, das Sprach- und Symbolspektrum der Talkrunden, die praktisch Tag und Nacht angeboten werden – das alles geht in eine Richtung, die Zusammenhänge verschleiert und viel Energie darein setzt, zentrale gesellschaftliche Probleme unbewusst zu machen, in die Bereiche unterschlagener Wirklichkeit abzudrängen.*

Ralf Dahrendorf, in der Frühzeit selbst mit verantwortlich für den Aufbau der neoliberalen Scheinwelt, hat sehr schnell begriffen, dass die Zerstörung von Ligaturen, wie er es nennt, weder individuell noch gesellschaftlich als Gewinn verbucht werden kann. Vielmehr erhöhen sich durch die Zerstörung der Bindekräfte die Gewaltpotenziale, denn mit dieser neoliberalen Auflösung von Bindungen und Vollarbeitsplätzen ist noch nicht einmal der besondere Arbeitsbereich produktiver geworden. Inzwischen klingt selbst aus den Arbeitsagenturen die Klage, dass die totale Fragmentierung der Arbeitsplätze immer mehr Kosten verursacht, weil soziale Zusatzzahlungen notwendig sind und die Unzufriedenheit der Menschen Unruhepotenziale erzeugt. *Die Bindungsbedürfnisse verschwinden nicht, ganz im Gegenteil, sie werden angesichts ohnmächtiger Praktiken der Krisenbewältigung verstärkt und richten sich dann auf undemokratische Verfahrensweisen.* Die Extremisten aller Schattierungen sitzen in Europa, und das keineswegs nur mehr an den Rändern, sie stehen in den Startlöchern, um den wachsenden Angstrohstoff der Menschen zu verwerten; mit Sicherheit entstehen dadurch nicht die Bausteine eines demokratisch konstituierten Europas.

Abkoppelungstendenzen

Wenn die Herrschaftsmechanismen der *Polarisierung* und der *Flexibilisierung* nicht ausreichen sollten, wird auf die Strategie der *Abkoppelung* zurückgegriffen. In der Radikalität, wie heute ganze Volkswirtschaften und Völker abgekoppelt werden, hat es

Ausgrenzung in der Nachkriegswelt noch nicht gegeben. Die sozialstaatliche Integration der Gesellschaft war ja gerade darauf gerichtet, solche sozialen Abkoppelungen, die den Faschismus mit produziert haben, zu vermeiden. Gegenwärtig ist Griechenland von diesem Abkoppelungsprozess betroffen; politisch nicht legitimierte Rating-Agenturen maßen sich an, ganze Länder und Völker von den zentralen Produktions- und Lebenszusammenhängen durch das Verdikt, nicht mehr kreditfähig zu sein, abkoppeln zu können. Welche Macht hat sich hier den Lebensbedürfnissen gegenüber verselbstständigt, ohne dass eine Halt gebietende politische Intervention möglich wäre?! Aber auch bei diesem Herrschaftsmechanismus sind die durch die Devisen- und Finanzpolitik definierten Real-Abstraktionen, nur Symptome viel weiter reichender Strukturveränderungen des digitalisierten Kapitalismus.

Als in den 1980er Jahren in gesellschaftskritischen linken Kreisen von der Zwei-Drittel-Gesellschaft geredet wurde, gründete sich das auf ein Schicht-Modell, das die herkömmliche Vorstellung von der Klassengesellschaft zu korrigieren und zu differenzieren versuchte. Wenn zwei Drittel der Bevölkerung in einer Gesellschaftsordnung fest verankert sind, wenn deren Lebensverhältnisse einigermaßen befriedigend und vielfältige Möglichkeiten der Partizipation am Gemeinwesen gegeben sind, dann könnte man davon sprechen, dass der Kernbestand des gesellschaftlichen Zusammenhangs gesichert ist und dass das letzte Drittel durch sozialstaatliche Unterstützungen oder gesonderte Bildungsangebote in den Produktions- und Lebenszusammenhang einbezogen werden kann, selbst wenn dieses Drittel aktuell in einem randständigen Wartezustand gehalten wird. Davon kann heute keine Rede mehr sein, und es spricht auch keiner mehr darüber, weder in der Linken noch in der Rechten. Innerhalb von zwei Jahrzehnten hat sich das Strukturbild der gesellschaftlichen Zusammenhänge radikal verändert. *Es vermittelt den Eindruck, dass wir zielsicher auf eine Dreiteilung der Gesellschaft zu marschieren. Hier ist, neben Polarisierung und Flexibilisierung der dritte Mechanismus wirksam, die als Perspektive der Krisenlösung verstandene Strategie der Abkoppelung.*

So wird es offiziell nicht genannt und dargestellt, aber im Grunde ist es nichts anderes als Ausgrenzung und Abkoppelung vom gesellschaftlichen Produktions- und Lebenszusammenhang, wenn immer mehr Menschen von dem, was sie erarbeiten, nicht mehr richtig leben können. Im Zuge neoliberaler Ideologien, die selbst Gemeinwesenarbeit an die Warenproduktion zu ketten versuchen, zeigen sich immer deutlicher Tendenzen des gesellschaftlichen Wirklichkeitszusammenhangs, der bis zum Zustand des Zerreißens angespannt ist. Es ist eine historisch absolut paradoxe Situation entstanden: *Es ist nicht die Ökonomie des Mangels, die den entwickelten Industrieländern die Probleme beschert; es ist vielmehr die erdrückende Reichtumsproduktion, die immer mehr Fragen der Verteilungsgerechtigkeit und der sinnvollen Produktionsziele aufwirft.*

Ein Drittel der Bevölkerung in den Kernländern des europäischen Kosmos fühlt sich aufgehoben, ist engagiert, ist privilegiert, sodass Krisen eher die Ausnahme in ihrem Lebenszuschnitt sind, ja ihnen sogar der Begriff Krise häufig als eine fremdartige Konstruktion erscheint. Die Situation des zweiten Drittels verschlechtert sich in bedrohlicher Weise. Es lebt in derart prekären und fragmentierten Verhältnissen, dass einzelne Bundesagenturen in Deutschland schon darüber Klage führen. Es gehe auf Dauer nicht so weiter mit der Fragmentierung von Arbeitsplätzen, mit Leiharbeit, kurzfristigen Anstellungen, Verträgen, die immer kleinformatiger werden; zur Folge habe das, dass die brüchige materielle Grundlage eine wirkliche Lebensplanung nicht zulasse. Die soziologische Wortschöpfung Prekariat deckt sehr genau das ab, was an Lebensunsicherheiten immer stärker ins gesellschaftliche Zentrum eindringt. *Der sozial-darwinistische Überlebenskampf der Menschen verschärft sich absurderweise in gleichem Maße, wie die Produktivität der Arbeit steigt und bestimmte Produktmassen die Gesellschaft überschwemmen.* Wenn solche Strukturen das Leben einer Gesellschaft dominieren, dann kann der buchstäblich zu einer Ware geschrumpfte Mensch keine langfristige Lebensplanungen mehr zustande bringen. Unter diesen Bedingungen ist es nur eine Frage der Zeit, wann der akkumulierte Angstrohstoff der Menschen von Machtcliquen verwertet wird, die schon heute in allen europäischen Ländern Politik darauf richten, autoritäre Strukturen an die Stelle demokratischer Partizipation zu setzen. Wenn Kapitalismus und Demokratie in der Vorstellungswelt der Menschen so miteinander verschmelzen, dass keine gesellschaftliche Instanz mehr erkennbar ist, die sich der Lösung sozialer Probleme annimmt, vielmehr alles dem Wirtschaftswachstum zuschreibt, dann bilden sich unterhalb der Institutionen oder Programme politische Schwarzmarktphantasien, die jene Auswege aus der Misere suchen, die auf umständliche demokratische Legitimationsstrukturen verzichten und die emanzipative Funktion plebiszitärer Partizipation ins Gegenteil, in autoritäre Voten verkehren.

Ein gesamteuropäischer Lernprozess, der die sozialen Basisprobleme zum Gegenstand hätte, kann nur gelingen, wenn die innergesellschaftlichen Spaltungstendenzen der einzelnen Länder, gleichgültig, ob durch Nutzung alter Souveränitätsrechte der Einzelstaaten oder durch transnationale Vereinbarungen, wirksam bekämpft werden. Neben den wohlsituierten Lebensbereichen und den prekären, die immerhin noch im System der Warenproduktion gebraucht werden, bildet sich eine dritte Schicht, die von Abkoppelung bedroht ist: Das ist die wachsende Armee der dauerhaft Überflüssigen. Es klingt hart und wirklichkeitsfremd, ist diese Armee in ihrer Massierung doch noch nicht so richtig erkennbar. Nimmt man aber die Millionen von Menschen zusammen, die der sozialen oder staatlichen Unterstützung bedürfen, um einigermaßen leben zu können, dann wird sehr schnell klar, wie stark sich die marktbezogenen Arbeitsplätze verengen. Wird in diesen von Rationalisierung bestimmten Bereichen der Produktion ein Arbeitsplatz neu geschaffen, so sind mit Sicherheit zwei oder drei vorher vernichtet worden. *Bleibt die Arbeitsgesellschaft in ihrer kapitalistischen Struktur so, wie sie gegenwärtig existiert, dann können wir davon ausgehen, dass dort, wo die Warenproduktion im Zentrum steht, betriebswirtschaftliche Rationalisierungen zunehmen, also Arbeitsplätze fortwährend vernichtet werden.* Die menschenleeren Fabriken, die Autofabriken, sind ja keine Dystopien mehr, sondern häufig Realität. Der digitalisierte Kapitalismus rationalisiert in diesen Bereichen spektakulär. Und die Hoffnung auf das Tertiäre, auf die Dienstleistungsbereiche, wie das Jean Fourastié formuliert hatte, sind trügerisch, weil die modernen Technologien in Dienstleistungsbereiche genauso eindringen wie in die durch industrielle Fertigung und Kommunikationstechnologien bestimmten Produktionsbereiche.

Gemeinwesenarbeit – ein originärer öffentlicher Tätigkeitsbereich

Hannah Arendt hatte im Blick auf Anfang und Ende einer durch Arbeit definierten Gesellschaftsordnung eine epochale Prognose gewagt, die seit den 1960er Jahren fortwährend variiert und wiederholt wurde. In ihrem Buch *Vita activa. Oder vom tätigen Leben* schreibt sie: »Was uns bevorsteht, ist die Aussicht auf eine Arbeitergesellschaft, der die Arbeit ausgegangen ist, also die einzige Tätigkeit, auf die sie sich noch versteht. Was könnte verhängnisvoller sein?«[10] Das klingt plausibel angesichts der schrumpfenden Arbeitsplätze jener Produktionsbereiche, in denen immer mehr und auch reichhaltigere Produkte mit immer weniger Anwendung lebendiger Arbeitskraft erzeugt werden. Die Fragmentierung und Zerfaserung der Vollarbeitsplätze ist eine Antwort auf diesen Schrumpfungsprozess. In einem entscheidenden Punkt ist Hannah Arendts Prognose jedoch im Irrtum: *Der Arbeitsgesellschaft geht durchaus nicht alle Arbeit aus, sondern nur eine bestimmte. Die auf Warenproduktion beschränkte lebendige Arbeitskraft ist immer stärker durch Maschinensysteme ersetzbar, nicht aber jene Arbeit, die als Beziehungsarbeit wesentlich daran beteiligt ist, Identitätsbildung der Menschen zu ermöglichen und ein friedensfähiges demokratisches Gemeinwesen zu erhalten.* Nun mag man, wie Hannah Arendt es tut, diese Form der Arbeit für und am Gemeinwesen nicht Arbeit, sondern

Herstellen und Handeln nennen; das ist jedoch eine bloße Definitionsfrage.

Betrachtet man das Verhältnis zwischen Warenproduktion und Gemeinwesenarbeit, wird die gestörte Balance zwischen diesen Wirklichkeitsbereichen deutlich und rückt ins Zentrum der Reformforderungen für eine menschenwürdige Arbeitsgesellschaft. Es ist höchste Zeit, sich mit dem Gedanken anzufreunden, dass die Abkoppelung ganzer Gesellschaftsschichten vom Produktions- und Lebenszusammenhang nur vermieden werden kann, wenn sich ein zweiter Arbeitsmarkt herausbildet, der von *Gemeinwesenarbeit* bestimmt ist. Diese darf nicht mehr als bloßes Anhängsel der Warenproduktion betrachtet werden, sondern ist ein originärer selbstständiger öffentlich finanzierter Bereich von Arbeit. Wo heute Gemeinwesenarbeit auftritt, sieht es so aus, als sei es eine bloße Frage der Zeit, wann sie sich aus Ressourcen der Warenproduktion selbstständig finanzieren kann. Das ist eine Täuschung. *Der Bedarf an Gemeinwesenarbeit steigt in demselben Maße, wie die Arbeitsplatzstrukturen herkömmlicher Warenproduktion durch fortlaufende Rationalisierung schrumpfen.*

Es darf nicht dazu kommen, dass immer mehr öffentliche Aufgaben betriebswirtschaftlicher Rationalisierung unterworfen werden, sodass am Ende Universitäten und Schulen in die Oberhoheit von Konzernen gelangen. Es gibt unverkäufliche öffentliche Aufgaben, die sich in ihrer Struktur gegen jede Kommerzialisierung sperren. Gegen die betriebswirtschaftliche Verengung des Vernunftbegriffs rebellieren nicht nur Menschen, die sich über Enteignungsprozesse empören, solche reduzierten Rationalisierungen sind auch Barrieren für eine nachhaltige Veränderung der Gesamtgesellschaft, einer humanen Ökonomie des Ganzen Hauses. Der paradigmatische Blick nach unten, zu den Produktions- und Lebensverhältnissen der Menschen, ist verknüpft mit der Wiedereroberung öffentlicher Räume und der kollektiven Erlebniszeiten, die das lebendige Gemeinschaftsleben mitprägen. Gelingt dieser Paradigmenwechsel, dann öffnet sich auch der Blick auf die Vielfältigkeit der Gemeinwesenarbeit. Heribert Prantl beschreibt das so: »Es gibt unendlich viel Arbeit, die Gemeinschaft stiftet, die für inneren Frieden sorgt; es gibt Arbeit, die unter den Mantel kriecht, den die Politik über die neuen Armen dieser Gesellschaft ausgebreitet hat; es gibt die Arbeit, die auf die Natur Obacht gibt. Das alles ist Gemeinwesenarbeit, die chronisch unterbezahlt ist oder von der man erwartet, dass sie ehrenamtlich, also umsonst erledigt wird. Der alte enge Begriff von Arbeit muss also gesprengt, der Arbeitsbegriff vervielfältigt werden – die Arbeit für die Gemeinschaft muss den Rang bekommen, der ihr gebührt. Hier ist das neue Feld der neuen Arbeitsgesellschaft. Dann kann ein neuer Friedrich Engels dessen Traktat vom Anteil der Arbeit an der Menschwerdung des Affen fortschreiben und den ›Anteil der neuen Arbeit an der Menschwerdung des Menschen‹ beschreiben. Das ist die Chance der Krise. Auch wenn das Wort ›Chance‹ angesichts der Massenarbeitslosigkeit frivol klingen mag: Diese Frivolität ist Notwenigkeit.«[11]

Wenn ich anfangs von dem Überfälligen eines gesamteuropäischen kollektiven Lernprozesses gesprochen habe, dann nicht im Sinne einer formalen Proklamation, wie der zur Phrase verkommenen Formulierung vom lebenslangen Lernen. Konkret geht es hierbei um einen Prozess politischer Bildung. Betrachtet man deren Geschichte, dann muss man mit Verblüffung feststellen, dass sie auf einer Skala der als wichtig betrachteten Angelegenheiten immer dann nach oben rückt, wenn die Katastrophe bereits passiert ist. *Es wäre deshalb eine Erwägung wert, ob man nicht einiges dazu beitragen könnte, durch Intensivierung von Aufklärung, Erziehung, Bildung, das sich abzeichnende kollektive Unglück abzuwenden.* Ich weiß, dass in den vergangenen zwei Jahrzehnten politische Bildung in den Schulen, den Volkshochschulen, den Gewerkschaften Schritt für Schritt im Interesse beruflicher Qualifikationen oder sonstiger Wissensaneignungen abgebaut worden ist; das würde keiner Gesellschaft, die nach autoritären oder gar totalitären Prinzipien aufgebaut ist, Schaden zufügen. Ganz im Gegenteil: Es passt in das autoritäre gesellschaftliche Klima, wenn das Politische den Herrschaftsschichten vorbehalten bleibt und die Lernbedürfnisse nicht zu weit in die Bereiche öffentlicher Urteilskraft eindringen. Haben wir es dagegen mit Demokratien zu tun, die Selbstbestimmung nicht als bloße plebiszitäre Dekoration betrachten, dann stellt sich die Frage des Lernens radikal anders.

Demokratie muss gelernt werden – Wandlungen im Bild vom Menschen

Demokratie ist die einzige staatlich verfasste Gesellschaftsordnung, die gelernt werden muss; alle anderen Ordnungen haben wir gleichsam umsonst, sie reflektieren nicht auf urteilsfähige Beteiligung der Menschen am Gemeinwesen. Wie man heute allenthalben wahrnehmen kann, ist es für Herrschaftssysteme störend, wenn sich die Bevölkerung aktiv einmischt. Für Demokratien kann das aber nicht gelten. Das Lernen der Demokratie ist nicht auf einen bestimmten Lebensabschnitt begrenzt. Es ist ein alltäglicher Akt der Beteiligung und der dadurch bedingten Veränderungen von Wahrnehmungsweisen. Wer glaubt, er könnte durch Aneignung bestimmter Regeln ausreichend über das Wesen der Demokratie Bescheid wissen, erliegt einer Täuschung. *Die Bildung politischer Urteilskraft beginnt in der alltäglichen Praxis der Kindertagesstätten und sie endet auch im Seniorenheim nicht.*

Versteht man Demokratie nicht als ein bloßes Regelsystem, das ein für alle Mal gelernt und beachtet wird, sondern als eine Lebensform, dann ist politische Bildung, die verschiedene Bauelemente wie Orientieren, Wissen, Lernen, Erfahren und Urteilskraft miteinander verknüpft, substanzielle Grundlage einer zivilen Gesellschaftsordnung. Es liegt auf der Hand, dass bei einem so schwierigen Einigungsprozess wie dem Europas, der die eigentümlichen Traditionen und die Souveränitätsrechte sehr verschiedener Nationen antastet, die Bildung politischer Urteilskraft zentrales Medium einer friedlichen und solidarischen Kommunikation zwischen den Menschen sein muss.

Wenn ein neuer Lernzyklus notwendig ist, um alte Kombinationen von Kräften und Faktoren zu zerstören und neue zu bilden, dann stellt sich immer die Frage: Wie soll der Mensch aussehen, auf dessen Erziehung die Praktiken des Lernens und der Urteilskraft mit besonderer Mühe und Aufmerksamkeit zu lenken wäre? Welche Folgen hat die hier vorgetragene Gesellschaftskritik, welche Normen, Imperative und Wegweiser stellt sie zur Verfügung, an denen wir unsere Alltagsschritte orientieren können? Schon Kant hatte die Frage: was ist der Mensch?, aus dem

Katalog der philosophischen Grundfragen: was kann ich wissen?, was soll ich tun?, was darf ich hoffen?, gestrichen, weil ihm die Antwort darauf zu schwer erschien. In seiner *Kritik der reinen Vernunft* ist diese Frage jedenfalls nicht mehr als philosophische Grundfrage aufgenommen. Was ist der Mensch in seinem Bemühen um friedensfähige politische Ordnungen – das ist freilich eine Frage, die sich fortwährend stellt und in ihrer Vielfältigkeit durchaus sehr verschiedene Antworten zulässt.

Versteht man Politik als Produktionsprozess, in dem nicht nur alte Zuordnungen verwaltet werden, dann ist die Bearbeitung zentraler Krisenherde der europäischen Zivilgesellschaft konkretes Bildungsziel. Wir sind mit einem der größten politischen und sozialen Projekte der Moderne beschäftigt, das den Arbeitstitel »Europa« trägt. Mit Willen und Bewusstsein haben Völker und Staaten, die noch in der ersten Hälfte des 20. Jahrhunderts in Kriegskoalitionen erbittert gegeneinander kämpften, mit staatlich organisierten Massenverbrechen und vielen Millionen Todesopfern, den beschwerlichen Weg einer gesellschaftlichen Friedensregelung beschritten, die gegenseitige Anerkennung und Gleichstellung der Nationen zur Grundlage hat. Ich will das nicht als eine pathetische Übertreibung verstanden wissen, sondern als einen bearbeitbaren Sachzusammenhang. *Was sich in Europa abspielte und abspielt, muss auch unter Gesichtspunkten des historischen Lernens betrachtet werden*. Es waren Regierungen und hervorragende Persönlichkeiten, die der europäischen Einigung entscheidende Impulse gaben und die politische Richtung markierten. Aber ohne einen darunter liegenden Lernprozess der Völker, ohne Korrekturen der gewohnten Weltbilder und der projektiven Feinderklärungen, also ohne Einbeziehung des Anderen und die Anerkennung des Fremden, ohne alle diese Veränderungen der individuellen Lebenskonzepte hat ein solches Einigungsprojekt kein stabiles Fundament.

Ich bin skeptisch, ob die auf den Weg gebrachten Vertragswerke – die Verträge von Rom, Maastricht, Paris, Berlin, Lissabon usw. –, absolut notwendig in jedem ihrer einzelnen Schritte, schon für sich ausreichend sind, so etwas wie ein stabiles gesamteuropäisches Bewusstsein herzustellen. Es stellt sich also für mich die existenzielle Frage: Wie werden diese Regierungsentscheidungen, wie werden Maßnahmen, Verordnungen und Richtlinien des Europäischen Parlaments und der EU-Kommission in Brüssel in die Lebenswelt der Menschen hineingenommen, werden sie verarbeitet, akzeptiert – mit anderen Worten: zum Rohstoff kritischer Urteilskraft? Das sind ja kollektive Lernprozesse ganz eigener Art. Sie bewegen sich nicht ausschließlich auf der Ebene von Faktenwissen über Europa. Die gefährlich niedrigen Wahlbeteiligungen zum europäischen Parlament, das Wegbleiben beträchtlicher Massen von Wählern bei den nationalen Wahlen, diese deutlich erkennbare Unlust, am Wohl und Wehe des Gemeinwesens zu partizipieren, weist nachdrücklich auf Schwierigkeiten hin, die wir bearbeiten und lösen müssen, um eine gewaltfreie europäische Zivilgesellschaft zu gründen. Ich will mich nicht auf Felder der Außenpolitik begeben, für die ich mich nicht kompetent fühle. Meine Betrachtungen über Chancen und Anforderungen Europas beziehen sich deshalb auf die Zivilgesellschaft unterhalb der Vertragswerke, der jeweiligen Regierungspolitik und des ökonomisch-finanzpolitischen Sektors. *Europa ist für mich ein Arbeitsprojekt*. Es ist eine elementare

Existenzfrage, die sich jeder in Europa stellt und stellen muss: *Was gewinne ich zu dem hinzu, was ich schon habe, wenn ich mich auf ein europäisches Gemeinwesen einlasse und dieses für mich als lebensnotwendig betrachte?* Das müssen keineswegs nur materielle Vorteile sein, aber es muss mehr sein als die Aufhebung der Passkontrollen an den Grenzen.

Ich will im Folgenden vorschlagen, unsere Aufmerksamkeit auf fünf Krisenherde zu konzentrieren, um sie als spezifische Arbeits- und Handlungsfelder sichtbar zu machen. Denn die globale Herausforderung kommt doch nicht nur von der Börse in Tokio oder New York, sondern von ganz anderen Problemen: Wie gestalten und bewahren wir unser Ökosystem? Wie statten wir die neue Generation aus, damit sie den Schrott, den wir hinterlassen, wegschaffen und die Schulden, die wir gemacht haben, abtragen kann? Das sind Krisenherde, die wir selbst produziert haben, die im Innern der Gesellschaften auf hohem Entwicklungsniveau entstanden sind; es sind äußerst spannungsreiche Konfliktzonen, in denen sich Gewaltpotenziale ansammeln, wenn sie nicht bearbeitet werden.

Diese Krisenherde sind in einem regionalen Gefälle und mit Zeitverschiebungen in allen europäischen Ländern anzutreffen. Es sind keine bloßen nationalstaatlichen Relikte, und sie lassen sich in dieser vielfältigen Kulturlandschaft Europa nicht mehr auf eine einzelne und einzigartige Ursache zurückführen. Ich möchte das mit allem Nachdruck festhalten: Die Debatte um Wirtschaftsstandorte, Konjunktur und Wachstum erweckt den Eindruck, über Glück und Unglück der Menschen entscheide Ökonomie. Tag und Nacht sind wir mit ökonomischen Problemen befasst, obwohl doch für jedermann sichtbar ist, dass unsere Gesellschaften vor Reichtum überquellen und die akkumulierten Güter uns daran hindern, über kulturelle Zwecke, Sinnfragen und folgenreiche Lernprozesse nachzudenken. Wir leben in einer Welt epochaler Umbrüche. Traditionelle Werte und Orientierungen gelten nicht mehr selbstverständlich und fraglos. Neue, verlässliche Werte und Orientierungen sind noch nicht vorhanden oder gar verbindlich. Sie werden aber gesucht; wir leben in einer Zeit intensiver Suchbewegungen. In einer solchen Zwischenwelt der Suche nach Orientierung sind größte Anstrengungen erforderlich, damit die erwachsene Generation einen umfangreichen Lernzyklus eröffnet. Dabei gehen von den im Folgenden beschriebenen Krisenherden Lernprovokationen aus.

Krisenherd: Globalisierung

Ein zentraler Krisenherd wird heute unter dem Stichwort *Globalisierung* abgehandelt. Zu keiner Zeit in der Moderne hat sich unter Friedensbedingungen in einem so kurzen Zeitraum so viel verändert wie in den letzten zwanzig Jahren. Ein ganzes imperiales System ist zusammengebrochen, und einzelne Völker sind zwanglos in den europäischen Zusammenhang zurückgekehrt. Die übersichtliche Aufteilung der Welt – Erste Welt, Zweite Welt, Dritte Welt – hat sich aufgelöst.

Wir sind zwar Zeitzeugen dieses Umwälzungsprozesses, aber ist er wirklich in unser Bewusstsein und in die Lebenszusammenhänge der Menschen eingedrungen? Als Ordnungsfaktoren übrig geblieben sind zum einen die Logik des Marktes und des Kapitals, zum anderen der westliche Militärblock. Solange die Sowjetunion als machtvolle Realität existierte, war das Bild von einer freieren und gerechteren Gesellschaft im Westen lebendig. Das autoritäre System des Ostens diente als Abgrenzungsrealität: So soll unsere Gesellschaft nicht aussehen!

Man spricht von einer postnationalen Konstellation. Entscheidend dabei ist die Veränderung in den Beziehungen zwischen Kapital und Staat. Der Steuerstaat stirbt ab, Großunternehmen sind stolz darauf, keine Steuern mehr zu bezahlen – oder nur wenig. Sie nutzen zwar intensiv die Infrastruktur, das Bildungssystem und die Verkehrswege, zahlen aber immer weniger für das Gemeinwesen. Absolut neu ist, dass das Kapital zum ersten Mal in der Geschichte völlig frei operieren kann, ohne auf Grenzen und Barrieren zu stoßen. Bürgerliche Gesellschaft und Kapitalismus sind nie identisch gewesen, die Entwicklung einer bürgerlichen Zivilgesellschaft besteht auch darin, die Auswirkungen der Macht von Kapital und Markt zu begrenzen. *Wo weder Staat noch gewerkschaftliche Gegenmacht die Grundvoraussetzungen einer auf Toleranz und sozialen Freiheitsrechten begründeten Zivilgesellschaft zu schützen imstande sind, andererseits die wirtschaftlich Mächtigen von sich aus keine Verantwortung für die Ökonomie des Ganzen Hauses, für das Gemeinwesen entwickeln, da ist der europäische Zusammenhang aufs Äußerste bedroht.*

Den Menschen in Europa ist nur schwer begreiflich zu machen, dass die Großen immer weniger in das gemeinsame Werk einzahlen und die Kleinen immer mehr. Es ist deshalb notwendig, und in allen Ländern werden entsprechende Forderungen laut, das wirtschaftliche Handeln wieder in den Zusammenhang kultureller Ziele und Zwecke einzubinden. Wir haben es nicht mit einer Krise der Ökonomie, sondern mit einer Krise der Kulturbedeutung des Ökonomischen zu tun. Zur Bearbeitung dieses Krisenherdes ist eine europäische Lösung hilfreich, denn die einzelnen Staaten werden mit dem Argument der Globalisierungsanforderungen erpresst; wir verlassen, sagen die wirtschaftlich Mächtigen, den Standort Deutschland, den Standort Frankreich, wenn ihr uns mit Steuern belastet. Diese Erpressung kann nur europaweit unterbunden werden. Die Notwendigkeit solcher Veränderungen zu erkennen, setzt aber aktives Lernen voraus.

Krisenherd: Arbeit/Arbeitslosigkeit

Die Bürgergesellschaft, auf die wir hinarbeiten, ist ohne Umstrukturierung der Arbeits- und Erwerbsgesellschaft nicht möglich. Das ist der zweite entscheidende Krisenherd, den es zu bearbeiten gilt. Zwischen 1980 und 1999 sind die Gewinne in Deutschland um hundert Prozent gestiegen, im vergangenen Jahrzehnt hat sich diese Tendenz fortgesetzt. Die Löhne und Gehälter wurden etwas angehoben. Gleichzeitig hat sich bei dieser ökonomischen Prosperität die Arbeitslosigkeit mehr als verdoppelt. Massenarbeitslosigkeit in so gewaltigem Ausmaß, wie sie sich gegenwärtig in Europa zeigt, ist kein rein technisch zu lösendes Problem; für eine Zivilgesellschaft berührt sie Fragen der Kultur, der Moral und der Verantwortungsethik. Immer wieder sind Wissenschaftler und Politiker eifrig bemüht, vor Fernsehkameras zu erklären, es würden viele neue Arbeitsplätze geschaffen. Das ist richtig, aber es reicht nicht mehr aus. *Wir befinden uns in einer Umbruchsituation der gesamten Arbeitsplatzstrukturen.* Die mikroelektronische Rationalisierung erfasst alle gesellschaftlichen Bereiche, auch die der Dienstleistungen. An dieser zeittypischen Tendenz können wir wenig ändern, wenn wir weiterhin mit einer geradezu religiösen Gläubigkeit die gesellschaftliche Entwicklung der Logik des Marktes und des Kapitals überlassen.

Die menschlichen Probleme der Massenarbeitslosigkeit reichen tief, sie berühren die Lebensschicksale des Einzelnen. Wir wissen aus Untersuchungen, dass jedenfalls im europäischen Zusammenhang persönliche Identität, gesellschaftliche Anerkennung und Würde des einzelnen Menschen nach wie vor wesentlich durch Arbeit definiert sind. Ich möchte das in aller Schärfe betonen: Arbeitslosigkeit ist ein Gewaltakt, ein Anschlag auf die körperliche und seelisch-geistige Integrität, auf die Unversehrtheit der davon betroffenen Menschen. Sie bedeutet Raub und Enteignung jener Fähigkeiten und Eigenschaften, die innerhalb der Familie, der Schule und der Lehre in einem mühsamen und aufwendigen Bildungsprozess erworben wurden und die, von gesellschaftlichen Betätigungsmöglichkeiten abgeschnitten, in Gefahr sind zu verrotten. Das kann schwere Persönlichkeitsstörungen hervorrufen. Der Berliner Maler Heinrich Zille hat einmal gesagt: Man kann einen Menschen durch den Verlust einer Wohnung genauso töten wie mit einer Axt. Wir müssen angesichts dieses Krisenherds Arbeit /Arbeitslosigkeit umlernen. Die populäre Parole, alles zu »verschlanken« – *Lean Production, Lean Management, Just-in-time-Produktion* usw. –, gaukelt eine sinnvolle Rationalisierung von Produktion und Austausch vor, täuscht aber auch über Tatbestände hinweg: Wenn Betriebe rationalisieren, dann schieben sie die eingesparten Kosten auf andere.

Ich plädiere deshalb entschieden für eine Bilanz im Sinne einer Ökonomie des Ganzen Hauses. Das ist eine ganz andere Bilanz als die der Einzelbetriebe. In dieser *Ökonomie des Ganzen Hauses* (eine Anleihe bei dem griechischen *oikos*-Begriff und dem Historiker Otto Brunner, der die Formel prägte) haben Kategorien wie Bildung, Lernen, Qualifikation einen überragenden Stellenwert. Ich meine damit nicht nur Allgemeinbildung, es ist auch die Rede von beruflicher Bildung. Aber ich habe Zweifel daran, ob die bloße berufliche Qualifikation dazu führt, dass wir den Brandherd Arbeitslosigkeit löschen können.

In vielen Bereichen, das betrifft auch die Dienstleistungen, findet eine radikale Dequalifizierung der Arbeitsplätze statt. Wie Richard Sennett in seinem bedenkenswerten Buch *Der flexible Mensch* zeigt, führen Flexibilität, Jobfragmentierung, die Notwendigkeit, mehrere Arbeitsplätze zu kombinieren, zudem immer stärker dazu, dass menschliche Lebensverhältnisse zerbrechen, vor allem Familienzusammenhänge, von deren Ressourcen der Kapitalismus bisher gelebt und gezehrt hat. Das betrifft nicht nur Jugendliche, die vielleicht noch gar keinen Arbeitsplatz haben, sondern auch zunehmend ältere Menschen. Wer kann deshalb noch daran zweifeln, welche ungeheure kulturelle Bedeutung in solchen Zeiten Erwachsenenbildung hat? Wo die Menschen die zerrissenen Lebenssituationen nicht begreifen, wo sie ihnen nicht bewusst gemacht werden, ist die Gefahr groß, dass sie in sozialpsychiatrische Notlagen, in Depressionen, Störungen ihres Selbstwertgefühls, auch in Krankheit, Alkoholismus und Drogenanfälligkeit abgleiten.

Ich kenne keine schnellen, pragmatisch umsetzbaren Lösungen, hielte es aber für wertvoll, wenn erkannt würde, dass sich in der ernsthaften Bearbeitung des Krisenherds Arbeit/Arbeitslosigkeit entscheidet, ob wir eine kulturell tragfähige europäische Gesellschaft entwickeln oder nicht. Eines möchte ich aber doch als Perspektive bezeichnen: Der planwirtschaftliche Kollektivismus als ein großes Wahngebilde ist aus sich heraus zusammengebrochen; es ist dessen eigene Irrationalität gewesen, die das bewirkte. Das ist gut, und es war überfällig. Aber es wäre ganz fatal, wollten wir daraus ableiten, dass wir auf kollektive Lösungen unserer selbst produzierten Probleme verzichten können. Die Idee des demokratischen Sozialismus und die europäischen Gewerkschaften haben eine große Kampftradition aufzuweisen, in der es um diese Balance zwischen Freiheit verbürgender Privatheit und kollektiven Lebensformen geht. Eine Genossenschaftsbewegung war entstanden, Produktionskollektive, Selbsthilfeorganisationen im Kreditwesen und im Handel, die durch solidarische Kooperation und Lebenshilfe bestimmt waren, nicht durch Profit. *Ein kollektives Gedächtnis zu bewahren für diese Sozialexperimente ist meines Erachtens von größter Wichtigkeit auch für die Gegenwart*. Es gab in Europa in der Vergangenheit eine große Vielfalt sozialer Experimente – und es wird sie vielleicht in Zukunft wieder geben, sodass sich individuelle Freiheit und die Autonomiebestrebungen des Subjekts wieder stärker dem Gemeinwesen verpflichtet fühlen. Wir müssen wieder lernen, dass bei aller Notwendigkeit ökonomischen Handelns, bei aller Sicherung von Arbeitsplätzen, die menschlichen Zwecke nicht aus dem Blick geraten dürfen. Eine europäische Gesellschaft bedarf einer neuen Verantwortungsethik für das Gemeinwesen.

Krisenherd: Strukturwandel bei den Erziehungs- und Lernorten

In Europa vollzieht sich ein Strukturwandel bei den Erziehungs- und Lernorten. Wir können die Tatsache bedauern, dass es die alte bürgerliche Familie vielfach nicht mehr gibt. Aber diesen Idealtyp Familie mit der Grundlage Ehe, Besitz, Kinder, als lebbare Einheit, hat es vor dem 15. Jahrhundert nicht gegeben, und es kann sein, dass es ihn im 21. Jahrhundert vielleicht nicht mehr geben wird. In allen Ländern ist die Scheidungsrate hoch; Kinder wachsen häufig bei einem Elternteil auf. Was mich in diesem Zusammenhang interessiert, ist die Frage: *Wo lernen dann Kinder soziale Grundlagen, die auch für das gesellschaftliche Leben wichtig sind? Wo erwerben heute Menschen die Fähigkeit des Teilens, der Kompromisse, wo erfahren sie absolute Verlässlichkeit und Sicherheit?* Eine demokratische Gesellschaft kann ohne solche Grundtugenden langfristig nicht stabil bleiben. Das ist jedoch nur ein Problem, welches das Heranwachsen der jungen Generation begleitet. Nicht zuletzt die Fragmentierung der Familienbeziehungen führt auch dazu, dass selbst in einem reichen Land wie Deutschland alleinerziehende Mütter und ihre Kinder überdurchschnittlich stark von Armut betroffen sind.

Nun könnte ein Zyniker vielleicht sagen, wenn es zwei Dritteln einer Gesellschaft »gut geht« (die prekären Lebensverhältnisse eingerechnet), dann hat sie eine solide Existenzgrundlage. Das ist aber ein Irrtum. Wo ein Drittel der Bevölkerung praktisch abgekoppelt ist von der »guten« und geordneten Gesellschaft, bilden sich nicht nur Unruhepotenziale, sondern es bleibt ein permanenter Widerspruch zu den selbst proklamierten Gerechtigkeitsidealen der Gesellschaft. Augustinus schrieb in seinem berühmten Buch *Der Gottesstaat:* »Was sind Reiche ohne Gerechtigkeit anderes als große Räuberbanden?«[12] Wenn wir von Zivilgesellschaft reden, sprechen wir immer auch von der Notwendigkeit ausgleichender Gerechtigkeit, und das betrifft auch den Schutz und die Fürsorge für diejenigen Gruppen und Schichten der Gesellschaft, die sich aufgrund ihrer Lage selbst nicht helfen können. Eine historische Aufgabe, die keineswegs erledigt ist.

Wenn also die Primärerfahrungen der Menschen derart fragmentiert sind, aber kein Mensch ohne persönlich vermittelte Näheverhältnisse, ohne körperliche Berührungen, menschliche Kontakte aufwachsen kann, dann müssen wir verstärkt den Blick auf gesellschaftliche Institutionen richten, welche die notwendigen sozialen Tugenden vermitteln und einüben. Ich sehe in diesem Zusammenhang einen Funktionszuwachs bei den Schulen, die nicht nur die Aufgabe haben, Schreiben, Lesen, Rechnen, den Umgang mit Computern, das heißt technische Qualifikationen für unsere Kultur, zu vermitteln, sondern zunehmend auch die Aufgabe wahrnehmen müssen, soziale und emotionale Lernprozesse anzuregen und zu strukturieren. Es ist ein Gleichgewicht notwendig zwischen kognitiven, emotionalen und sozialen Lernprozessen. Übrigens habe ich die Erfahrung gemacht, zum Beispiel in Trainings mit Managern großer Betriebe, dass das emotionale und soziale Lernen in diesen Kreisen keineswegs als etwas Überflüssiges betrachtet wird – im Gegenteil: Es wird als absolut notwendig angesehen, gibt es doch der fachlichen Qualifikation erst die eigentliche Sicherheit. Das Stichwort von der Informations- und Lerngesellschaft wird heutzutage so inflationär gebraucht, dass einem schwindelig wird. Aber die Verbindung zwischen kognitiver Qualifikation, Persönlichkeitsausstattung im Sinne von Identität und Eigensinn sowie sozialer Kompetenz im Umgang mit anderen, auch mit fremden Menschen – diese Verbindung ist entscheidend für die Qualifikation in einer Informationsgesellschaft. Denn wo sollen die Menschen die Grundregeln erwerben, die ihnen das Lernen des Lernens ermöglichen? Wer in der Kindheit und in der Jugend nicht in seiner Neugierde bestärkt wird, wer in der Kindheit und Jugend keine zuverlässigen Beziehungen erfahren hat, wem die primären Institutionen Familie und Schule als fremde und kalte Einrichtungen entgegentreten – wie soll der ein demokratisches, ziviles Gemeinwesen als seine eigene Angelegenheit verteidigen?

Ich war bei der bisherigen Beschreibung der drei Krisenherde darauf bedacht, Gefahren und Auswege gleichzeitig zu benennen. Das bringt schon die Herkunft des Wortes *Krise* von griechisch *krisis* zum Ausdruck: *krino* bedeutet »scheiden«, »trennen«, »unterscheiden (urteilen)«, aber auch gleichzeitig »entscheiden«. Krise bezeichnet also einen Umbruch, in dem es gefährliche, gar tödliche Entwicklungen geben kann – und Erneuerung ebenso. Ich setze auf Erneuerung, deshalb rücke ich die Frage nach dem Gemeinwesen ins Zentrum.

Dieses ist ein Krisenherd, der die *Conditio humana* unmittelbar berührt; er greift in die Integrität und Identität der Lebenszusammenhänge des Einzelnen ein. Ich meine die veränderten Beziehungen zwischen Technologie – speziell medizinischer und Gentechnologie – und Ethik, also die wachsende Dimension ethischer Probleme, die sich daraus ergeben, dass sich der Mensch mit Hilfe technischer Machtakte als eine Art *Prothesen-Gott* versteht, um diesen Begriff Sigmund Freuds aufzunehmen. Gewiss, die enorme Lebensverlängerung macht einen gewaltigen kulturgeschichtlichen Fortschritt in unseren Breitengraden aus; Heilung und Beseitigung von Krankheiten, das Hinausschieben des Sterbens sind Kulturideale, ja Utopien seit uralten Zeiten. Aber wir treten in ein ganz neues Stadium ein. Würdiges Altwerden und würdiges Sterben gehören zur zivilisatorischen Grundausstattung einer auf kulturelle Traditionen stolzen Gesellschaft. Dazu muss auch der Generationenvertrag aus der Schieflage, in die er geraten ist, gebracht werden: Kinder und Jugendliche dürfen nicht nur als Konsumenten und Gewalttäter wahrgenommen, sie müssen als gesellschaftliche und politische Wesen ernst genommen werden, damit die Sorge für die Älteren und das kostspielige Gesundheitssystem nicht in deren eigenen Händen liegt.

Altern und Sterben in Würde sind jedoch nur eine Seite der medizinischen Technologie. Gentechnologie, Pränataldiagnostik, Embryonenmanipulationen und Klonen, mögliche Eingriffe in den Körper und in die Gattungssubstanz haben sich innerhalb weniger Jahrzehnte so spektakulär entwickelt, dass sie auch zentrale Wirkungen auf unser Bild vom Menschen haben. Der griechische Arzt Hippokrates verbot das Schneiden von Organen; noch Kant sagte, nur die Entfernung eines faulen menschlichen Organs sei zulässig, alles andere degradiere den Menschen zum bloßen Mittel, verletze seine Würde. Die heutigen Transplantationstechniken erlauben es, einem Menschen eine Mehrzahl fremder Organe einzusetzen. Sind wir uns dessen bewusst, was der medizinische und gentechnologische Fortschritt für unsere Vorstellungen von Integrität, menschlichem Selbstwertgefühl und persönlicher Identität bedeutet?

Wir lassen diese Entwicklung ablaufen, als sei sie das Selbstverständlichste von der Welt. *Unterhalb der Öffentlichkeit, in Bereichen unterschlagener Wirklichkeit, vollziehen sich Prozesse, die auch Möglichkeiten des Machtmissbrauchs durch gentechnologische Eingriffe in die Natur des Menschen bergen. Ethische Standards sind daher von äußerster Dringlichkeit;* sie überschreiten die Reichweite nationaler Grenzen. Gewiss, zur Beseitigung von Krankheiten mag Genmanipulation einen Sinn haben. Aber die Vorstellung, dass ein Konzern gentechnisch in die Erbsubstanz von Menschen eingreift, um Individuen mit bestimmten Eigenschaften zu produzieren, diese Vorstellung kann doch nur als ein Albtraum empfunden werden. Sie ist allerdings gar nicht so irreal.

Gerade in diesem Punkt entstehen spezifische Aufgaben europäischer Regelung. Sicherlich sind Gesetze notwendig, die das verbieten und mit Sanktionen belegen. Das reicht jedoch alles nicht mehr aus. Es muss sich ein kulturelles Bewusstsein dafür entwickeln, dass der Missbrauch technologischer Macht unserem

Verständnis von Kultur- und Zivilgesellschaft fundamental widerspricht. Ein solcher Ethikdiskurs, wie ihn Jürgen Habermas und übrigens auch Pierre Bourdieu immer wieder vorgeschlagen haben, ist eine existenzielle Bedingung für gewaltfreie Verhältnisse in Europa. Solche Diskurse zu projektieren und sie zu finanzieren, weil sie zentral zur Lebensgestaltung in Europa gehören, muss auf der Tagesordnung von Parteien und Gewerkschaften stehen; das wären konkrete Aufgaben. Wenn sie solche lebensnahen Probleme anpacken, werden sie sich auch um Wähler und Mitglieder keine Sorgen machen müssen, die sich immer häufiger vor Entscheidungen gestellt sehen, die zu treffen sie weder psychisch noch intellektuell ausgestattet sind. Wer hätte uns denn je beigebracht, unser eigenes Sterbeszenario in einer Patientenverfügung zu entwerfen oder werdendes Leben in unserem Bauch?

Ich weiß, dass Technologien, die einmal erfunden sind, nicht wieder vergessen werden; umso dringender ist ein kulturelles Verständnis der Menschen, dass auf derartige Technologien auch verzichtet werden kann. Das gilt im Übrigen genauso für die Atomtechnologie, die profitabel sein mag, solange sie betriebswirtschaftlich genutzt wird. Es ist für eine Kulturgemeinschaft nicht ehrenrührig, auf Dinge zu verzichten, die für die Erhaltung eines befriedigenden Lebensniveaus nicht unbedingt notwendig sind, die aber die Grundlage unserer Existenz, die Natur, unsere körperliche Integrität, die übrigen Lebewesen auf der Erde betreffen. Ich bin sicher, dass ein einziger GAU von der Qualität der Reaktorkatastrophe in Tschernobyl mitten in Westeuropa dazu geführt hätte, dass nahezu alle Atomkraftwerke in unseren Breitengraden abgeschaltet worden wären. Wir müssen auf ein solches kollektives Unglück nicht warten. Wir können auch aus den Fehlern anderer lernen. Fukushima scheint eine solche Lernprovokation gewesen zu sein.

Krisenherd: Die schleichende Tendenz der Entpolitisierung

Im Zentrum dieses Krisenherdes steht die störanfällige Balance zwischen Demokratie und Öffentlichkeit. Zivilgesellschaft ist für mich ein anderer Ausdruck für eine funktionierende demokratische Gesellschaft. Ich bevorzuge den Begriff Demokratie, weil in seiner gesamten Geschichte eine Reihe von Fragen gestellt werden, die unverwechselbare Assoziationen hervorrufen. »Zivilgesellschaft« klingt neutraler, hat aber in Europa ihren eigentlichen Gegenpol – ursprünglich das feudalabsolutistische Regime, dann die autoritären und militarisierten Gesellschaftsformen – verloren. Weder die Grundbesitzerklasse noch das Militär haben im gegenwärtigen Europa maßgeblichen Einfluss.

Das Problem der Demokratie steht nach wie vor auf der europäischen Agenda. Auch hier haben wir es mit einer Umbruchsituation zu tun. Die alten Institutionen, die zu einem demokratischen Gemeinwesen gehören – Parlament, Dreiteilung der Gewalten, zivile Führung des Militärs, Parteien und Gewerkschaften in ihren sichtbaren Ausdrucksformen – sind alle vorhanden; und trotzdem sind immer mehr Menschen im Zweifel darüber, ob es in diesen Ordnungen gerecht zugeht und ob die Beteiligung an Wahlen sinnvoll ist, um Einfluss auf das Gesamtgeschehen zu bekommen. Alle verfassungsmäßigen Organe funktionieren, gleichwohl muss die Frage gestellt werden: Breitet sich unterhalb der Institutionen etwas aus, Gefühle der Mutlosigkeit, Fluchtbedürfnisse, Frustrationen, Lebensangst, die gar nicht mehr nach Ausdruck in diesen Einrichtungen suchen, sondern ganz andere Wege gehen? Ich nenne das politische Schwarzmarktphantasien.

In Europa sollen jetzt Länder zusammenwachsen, die ganz verschiedene demokratische und nicht nur demokratische (teilweise autoritäre, ja totalitäre) Traditionen haben. Das bedarf einer eigenen Aufarbeitung der jeweiligen Vergangenheit. Einzelne Länder haben, wie Spanien und Portugal, den Anschluss an die großen demokratischen Nationen erst Mitte der 1970er Jahre gewonnen; sie waren davor, in den 20er und 30er Jahren, bereits auf einem höheren demokratischen Niveau; die Diktaturen von Franco und Salazar sind in diesen Ländern ein Rohstoff für Vergangenheitsaufarbeitung. In Deutschland ist auch heute noch nicht die Wunde geheilt, die der Faschismus in Europa gerissen hat, und schon gar nicht verheilt ist sie in den Ländern, die Opfer waren. Das ist aber nicht die größte der Gefährdung der Demokratie in Europa. Ich sehe eine andere Gefahr auf uns zukommen: *In der riesigen Spannung zwischen zunehmender Globalisierung und wachsender Individualisierung, die Ökonomen und Soziologen als die zwei Haupttendenzen der Gegenwart beschreiben, werden lebensnotwendige Zwischenebenen bedroht oder zerstört.* Ich bezeichne diese lebensnotwendigen Zwischenebenen als die Wirklichkeit lebensfähiger Einheiten. Damit meine ich überschaubare Gebilde, in denen die Menschen sich in dem, was sie denken und tun, wiedererkennen, in denen sie sich in ihrer persönlichen und gegenständlichen Umwelt bejaht und bestätigt finden. Das können Nachbarschaften sein, gewerkschaftliche Kommunikationszentren, öffentliche Plätze, wo junge Menschen sich treffen. Wo solche lebbaren Einheiten (Organisationen, Institutionen) verschwinden, verlieren Menschen ihr Interesse am Gemeinwesen. Sie bedürfen der sinnlich fassbaren Solidarität; die stellt sich jedoch nur her, wenn ihnen Gesellschaft, Gemeinwesen zum Bedürfnis wird. Erst wenn junge Menschen zum Beispiel die Erfahrung machen, dass derjenige, der das soziale Gemeinwesen, die Gesellschaft beschädigt, sich selbst in seiner Individualität beschädigt, erst dann bilden sich die sozialen und gesellschaftlichen Sinne, der *Sensus communis*.

Ich möchte deshalb folgende These vertreten: Viele Institutionen sind zu klein für gesellschaftliche und politische Bewusstwerdungsprozesse, wie die Familie oder Partnerbeziehungen, und viele Einrichtungen sind zu groß, zu weit entfernt. Es besteht eine gestörte Balance zwischen Nähe und Distanz. Ich will das auf Europa übertragen. Für viele Menschen in Europa sind die Gremien, die über ihr Schicksal mitbestimmen, zu weit entfernt, zu abstrakt; sie wissen daher gar nicht, ob ihr politisches Votum, ihr Interesse, zur Kenntnis genommen wurde und Entscheidungen dieser Gremien beeinflusst hat. Es ist diese schleichende Tendenz der Entpolitisierung, die zweierlei Gefahren birgt: In den nationalen Parlamenten wird immer häufiger darauf verwiesen, dass die wichtigen Entscheidungen im europäischen Rahmen getroffen werden; andererseits hat dieses Europa noch keine wirkliche politische Identität gewonnen, an der man sich orientieren könnte. Ich will auch hier meine Grundauffassung wiederholen: Demokratie beginnt dort, wo die Menschen leben, arbeiten, primäre Erfahrungen im öffentlichen Austausch machen. Diese primäre gesellschaftliche Erfahrungswirklichkeit zu fördern, zu entwickeln, schafft die Basis dafür, dass wir die technischen Medien für Zwecke der Lebensgestaltung nutzen können. Wo die Medienwelt die suggestive Kraft einer zweiten Wirklichkeit annimmt, welche die primäre Erfahrungswirklichkeit überlagert oder gar erdrückt, entsteht eine Ersatzwelt der Illusionen und des Selbstbetrugs. *Der bloße Zugang eines Menschen zum Internet macht ihn nicht zum aufgeklärten und vorurteilsfreien Weltbürger; der Netzanschluss erhöht auch nicht unmittelbar seine politische Urteilsfähigkeit. Der Mensch hat mehr Informationen zur Verfügung, aber das eigentliche Problem des Lernens und der Bildung ist heute nicht mehr die Zahl der Informationen, sondern die Fähigkeit, Informationen zu verarbeiten. Hierin hat Erwachsenenbildung in Europa eine zentrale Funktion und Aufgabe.*

Es ist notwendig, gesellschaftliche Zusammenhänge herzustellen, in denen menschliche Nähe und kritische Distanz ausbalanciert sind. Das erfordert von der demokratischen Zivilgesellschaft in Europa, alle kollektiven Gebilde, die nicht allein wirtschaftlich und hauptsächlich profitorientiert sind, aber den Zugang der Menschen zu den größeren Zusammenhängen konkret machen, zu stärken und zu fördern. Das widerspricht völlig dem Zug ins Private, der das Charakteristikum des zeitgenössischen Kapitalismus ist. Die großen Konzerne sind in einem Fusionsfieber begriffen, und auf der Ebene der Lebenszusammenhänge der Menschen zerbrechen die gesellschaftlichen Bindungen; das hat schwerwiegende Folgen für die kommunikative Kompetenz der Menschen, die sich nur in dem Maße auf den Anderen, den Fremden, die Welt einlassen können, wie sie festen Boden unter den Füßen haben, also über geglückte Bindungserfahrungen verfügen. *Nur der Mensch ist wirklich flexibel, der so etwas wie einen Identitätskern ausgebildet hat.* Das kommt der modernen Wirtschaft zugute, aber auch einer demokratischen Struktur der Gesellschaft. Denn diese lebt vom innengeleiteten Menschen, von seiner kritischen Urteilsfähigkeit, und beides ist in der Entwicklung der Menschen nur herzustellen, wenn sie einen stabilen Boden haben, auf dem sie stehen, wenn sie in eine erfahrbare Wirklichkeit eingebunden sind.

Demokratie ist also jene gesellschaftliche Lebensform, die sich nicht von selbst herstellt, sondern gelernt werden muss. Deshalb ist die Frage nach lebenslangem Lernen, nach Erwachsenenbildung, die über die enge berufliche Qualifikation hinausgeht, Existenzbedingung einer demokratischen Gesellschaftsordnung. Und wir können dieses Demokratieproblem auch nicht lösen, indem wir die Lebensbereiche zersplittern in einerseits Partizipation an der Gesellschaft, am Gemeinwesen auf der Ebene von Parlamentswahlen, wo der freie Bürger regieren soll, andererseits Bewahrung oder Wiederherstellung alter Verhältnisse von Autorität, Befehlshierarchie, Unmündigkeit der Abhängigen in den Industriebetrieben, den Dienstleistungsbereichen, in den Schulen und Universitäten. Das kann auf Dauer nicht funktionieren, und ich bin der Überzeugung, es ist langfristig sogar wirtschaftlich unproduktiv.

Ich will diese grobe Einteilung von Krisenherden zuspitzen: Es gibt keinen Kontinent auf der Erde, der so viele und so verschiedene Ressourcen für einen produktiven Einigungsprozess besitzt wie Europa. In diesem Punkt können wir sogar der nationalstaatlichen Isolierung des 19. Jahrhunderts mit ihren Sonderentwicklungen Positives abgewinnen – obwohl das 18. Jahrhundert in der Europäisierung unseres Kulturraums schon viel weiter gewesen ist. Europa darf kein erinnerungsloses Gebilde werden. Zu viele produktive Ansätze der Lebensgestaltung gingen verloren, wenn wir das kollektive Gedächtnis und die einzigartige sozialkulturelle Vielfalt der Lebenszusammenhänge nicht anerkennen, die durch Warenproduktion und Geld nicht nivelliert werden darf. Auch die Sprachenvielfalt ist, das mag paradox klingen, ein wesentliches Element der europäischen Identitätsbildung.

Ich habe Europa ein Arbeitsprojekt genannt. Zu diesem gemeinsamen Projekt haben alle Länder etwas beizutragen, was eine unverwechselbare europäische Prägung trägt. Das betrifft zum Beispiel eine über hundert Jahre gewachsene Tradition gewerkschaftlicher Interessensorganisation, mit einer je spezifischen Arbeiterkultur in den einzelnen Ländern. Diese ist verschieden in Italien, in Deutschland und in Finnland, aber doch von dem Gedanken bestimmt, dass es Massen von Menschen in einer kapitalistischen Gesellschaftsordnung gibt (und keineswegs nur in dieser), die ihre berechtigten Interessen und Bedürfnisse nicht individuell vertreten können, also der kollektiven Hilfe und Solidarität bedürfen. Die europäischen Gewerkschaften mögen in einer Krise stecken angesichts der gegenwärtigen Umbruchsituation; aber sie müssten angesichts von Millionen Armer, Ausgebeuteter, Kranker viel stärker ihr gesamtgesellschaftliches Mandat wahrnehmen und ihren Interessenbegriff deutlicher auf den Lebenszusammenhang der Menschen richten, der ja nicht nur durch den Arbeitsplatz definiert ist. Der Kampf für eine Demokratisierung der Verhältnisse in den Betrieben ist ein wesentlicher Schritt dahin, dass für abhängig Tätige sinnlich erfahrbar wird: Ja, wir haben Einfluss auf das gesellschaftliche Geschehen. Und an dieser Stelle möchte ich noch weiter gehen. Da immer mehr Menschen durch den Verlust des Arbeitsplatzes vom Arbeitsmarkt abgekoppelt werden, müssen die Gewerkschaften ihr Mandat erweitern und ihrerseits die Gemeinwesenarbeit in den Blick nehmen. Die einzelnen europäischen Länder haben Sozialstaatstraditionen in den Einigungsprozess einzubringen, die nordischen Länder und Deutschland stärker als die südlichen Staaten. Ein Europa, das sich in diesem Punkt völlig amerikanisieren würde, zerstörte die eigene Existenzgrundlage (was ich nicht als Antiamerikanismus verstanden wissen möchte). Gewiss, wir müssen die bestehenden Sozialsysteme umbauen. Aber auch dann bleibt so etwas wie ein europäischer Gedanke erhalten. Die einzelnen Länder können das Humankapital Kultur in einen europäischen Lebenszusammenhang einbringen; damit meine ich gar nicht nur die Museen und die Musik, die diesen Zug zum Internationalismus ja immer gehabt haben. Ich meine die Alltagskulturen, die bewahrungswürdig sind und die den Blick auf die Weltgesellschaft keinesfalls verstellen müssen. Auch in der Gegenwart zeigt diese Verschiedenheit in der Einheit eine eigene Dialektik der Beziehungen zwischen Besonderem und Allgemeinem, die von größter Bedeutung ist. Diese kulturelle Differenz in der Einheit erregt auch die politische und soziologische Phantasie in ganz eigenen Prägungen.

Selbst zur Lösung des drückenden Problems der Arbeitslosigkeit werden in den einzelnen europäischen Ländern ganz verschiedene Sozialexperimente gemacht; sie sind zahlreich und vielfältig. Im Wege der Selbsthilfe, mit staatlicher Unterstützung, mit Förderung von Arbeitsämtern werden Versuche unternommen, dem Marktgeschehen nicht blind zu vertrauen, sondern kollektive und menschenwürdige Alternativen zu entwickeln. In Italien werden soziale Genossenschaften in den Anfangsjahren durch Steuerermäßigung, kommunale Zuschüsse und mit Stützung der Gewerkschaften begründet. Andere Initiativen gehen von großen Konzernen aus, zum Beispiel dem Stahlriesen Voest-Alpine in Österreich: Bereits mit dem Tag der Kündigung werden die entlassenen Mitarbeiter Mitglieder einer Stiftung und Teilnehmer eines sechswöchigen Orientierungskurses; die Kosten der Stiftung werden vom Unternehmen und der Belegschaft durch Gehaltsverzicht beglichen. Branchenstiftungen oder Regionalstiftungen, an denen auch die Kommunen beteiligt sind, gibt es häufig in Österreich. In skandinavischen Ländern findet man eher staatliche Unterstützung, in Frankreich Beschäftigungsgesellschaften, die zum Teil von den Unternehmen mitfinanziert werden müssen. In vielen Fällen sind, wie auch bei Sozialbetrieben in Deutschland, die Gewerkschaften aktiv beteiligt. Ein Musterbetrieb dieser Art ist die seit zwanzig Jahren existierende GmbH »Arbeed« in Hannover, die es sich zum Ziel gesetzt hat, wohnunglose Menschen sowie Haftentlassene und Probanden der Bewährungshilfe durch Arbeits- und Qualifizierungsangebote an ein geregeltes, selbstständiges Leben heranzuführen. Wir sind also auch in diesem Kontext in einem gesamteuropäischen Lernprozess begriffen – einem notwendigen Experimentieren und Voneinander-Lernen, um die Idee eines vereinten Europa über einen gemeinsamen Markt hinaus mit Leben zu erfüllen.

Wenn Europa zusammenwachsen soll, werden die touristischen Freizeitbegegnungen für den lernenden Austausch der Menschen nicht ausreichen. Es wird notwendig sein, anhand von Projekten, wie ich sie erwähnt habe, Programme der Erwachsenenbildung in allen europäischen Ländern zu realisieren. Denn bloße berufliche Qualifikation mag die Marktchancen erhöhen, einen Arbeitsplatz zu bekommen, trägt aber nichts unmittelbar bei zur Orientierung in dieser Welt der Umbrüche, zur Bildung kritischer Urteilsfähigkeit und zur Kompetenz, Informationen zu verarbeiten; das verlangt gesonderte Mühe, didaktisches Geschick und natürlich Geldmittel. *Bildung und Lernen haben heute immer einen doppelten Zweck: die Vermittlung von Sachwissen und Orientierung.* Beides stößt auf größtes Interesse bei den Menschen. Sachwissen können sie heute aus digitalen Informationen, aus technischen Kanälen beziehen; dieses akkumulierte Wissen macht sie jedoch selten zu Aktivbürgern, die sich um das Gemeinwohl genauso Sorgen machen wie um die Vertretung der eigenen Interessen. Was braucht also ein Europäer, um sich in dieser Welt zurechtzufinden, sich zu orientieren und gleichzeitig mit Wissen ausgestattet zu sein, das ihm zum Beispiel berufliche Qualifikation und Erfolg ermöglicht?

Hier zeigt sich die existenzielle Notwendigkeit von Leben begleitendem Lernen, von Erwachsenenbildung.

Leben begleitendes Lernen: Erwachsenenbildung für eine europäische Identität

Das Motto *Lebenslanges Lernen* ist derzeit eine fast ebenso inflationär gebrauchte Beschwörungsformel wie die Begriffe Individualisierung und Globalisierung. Auch darin ist lebenslanges Lernen anderen Legitimationsparolen vergleichbar, dass es leicht ins Unverbindliche gekehrt werden kann. Wenn aber Leben begleitendes Lernen, wie ich betonen möchte, in einer durch Produktionsdynamik und rasant fortschreitende Entwertungen bestimmten Gesellschaft kein Luxus mehr ist, sondern eine jeden Menschen berührende Notwendigkeit, dann müssen auf lange Sicht zwei Voraussetzungen erfüllt sein.

Zum einen muss in unseren fortgeschrittenen Gesellschaftsordnungen die bestehende Wertehierarchie, nach der Warenproduktion und Kapital als harte Werte ganz oben rangieren und Erziehung, Lernen, Bildung, Gesundheitspflege weit unten, umgedreht werden. Die Letzteren, die weichen Werte weisen stärker in die Zukunft – sie sind die eigentlichen Investitionsposten der Gesellschaft, von denen alles abhängt, was wir mit den Begriffen Bürgergesellschaft oder Zivilgesellschaft oder Demokratie verknüpfen. Zum anderen muss endlich begriffen werden, dass das Erwachsenenlernen nicht mehr eine Frage der individuellen Bedürfnisse und der individuellen Finanzierung bleiben darf. Die Bildungsminister aller OECD-Staaten haben »Lifelong Learning For All« als Leitziel proklamiert. Wenn das keine Phrase sein soll, muss die *Erwachsenenbildung zu einer öffentlichen Angelegenheit werden* – genauso, wie in vergangenen Jahrhunderten der Kampf um allgemeine Schulbildung schließlich zum Erfolg führte.

Ich weiß, dass von professionellen Erwachsenenbildnern, von Pädagogen und kritischen Zeitgenossen, die die Tragödie des öffentlichen Schulsystems beklagen, erhebliche Einwände gegen eine solche Institutionalisierung der Erwachsenenbildung vorgebracht werden können. In bestimmten Punkten stimme ich sogar zu. Aber die Einwände sind nur zum Teil berechtigt. Als man im 18. und 19. Jahrhundert begann, die Vermittlung der sogenannten Kulturtechniken in Pflichtschulen und Pflichtunterricht zu institutionalisieren und nicht dem Belieben und der materiellen Ausstattung der Eltern zu überlassen, spielten gewiss humanistische Zwecke eine Rolle; wesentlich war aber, dass ein ganzes Produktions- und Austauschsystem, das Lesen, Schreiben und Rechnen für den Umgang mit Maschinen und Apparaten erforderlich machte, sonst gar nicht hätte funktionieren können. Und wie steht das heute? *Ständig sich verändernde Technologien und Kommunikationssysteme, Regelungsverhältnisse, die Verantwortung und ethische Normen betreffen, greifen tief in unser Leben ein und machen es im Interesse eigener Identitätsfindung erforderlich, sich nicht nur beruflich weiterzuqualifizieren, ja vielleicht sogar mehrere Berufe zu erlernen, sondern sich auch Wissen im Interesse der Lebensorientierung anzueignen.* Wir sind von rasant sich vollziehenden geschichtlichen Prozessen und Veränderungen betroffen, sodass wir das, was uns äußerlich zugefügt wird, in das wir einbezogen werden, subjektiv erst verarbeiten müssen, um nicht von den Verhältnissen einfach mitgeschleift zu werden.

Wenn das europäische Thema Zivilgesellschaft, Bürgergesellschaft, Demokratie Gegenstand der Diskussion ist, dann können wir nicht mehr davon ausgehen, dass in der Kindheit und in den Schulen erworbenes Wissen ein Leben lang tragfähig bleibt. Das gilt noch nicht einmal mehr für das Handwerk, das früher mit bestimmten Traditionsbeständen an Fertigkeiten und Regeln zu Rande kam. Meine Forderung ist daher, *Pflichtinstitutionen für Erwachsenenbildung* zu schaffen, die aus öffentlichen Geldern bezahlt und erhalten werden, sodass sie im Rang und Status dem öffentlichen Schulsystem gleichgestellt sind. Warum soll es nicht Pflicht werden, dass ein Mensch, der eine hohe Lebenserwartung von siebzig, achtzig Jahren hat, fünf oder sechs Jahre seines Erwachsenenlebens Bildungseinrichtungen besucht und dafür auch Zertifikate bekommt? Übrigens ist diese Vorstellung so neuartig gar nicht, denn die Zusatzausbildungen und Weiterbildungsmaßnahmen für Manager, Ärzte, Architekten, die gegenwärtig weitgehend privat oder von Unternehmen finanziert werden, verweisen nachdrücklich auf die gesellschaftliche Notwendigkeit solcher institutionalisierten Bildungsprozesse. Dass informelles Lernen durch solche Institutionalisierung verhindert werden könnte, halte ich für eine falsche Einschätzung der Beziehungen zwischen institutionalisiertem Lernen und sogenanntem freiwilligen Lernen. Im Gegenteil: Je höher Lernen in der Hierarchie öffentlicher Interessen angesetzt ist, desto stärker werden auch die Motive sein, sich freiwillig und selbstbestimmt weiterzubilden. Erwachsenenbildung mit dem Ziel der Selbstfindung einzelner Kulturen halte ich für einen entscheidenden Posten in der Konstituierung einer demokratischen und zivilen Gesamtordnung Europas.

Geschichte in die Gegenwart zu holen, wird für den Hausbau Europas eine Lebensnotwendigkeit sein. Aber es geht dabei nicht nur um die Frage, wie mit Geschichte als Forschungsgegenstand umgegangen wird, vielmehr geht es dabei um eine umfassende Denkweise, für die Aufbewahrung, Erinnerung und kollektives Gedächtnis entscheidende Grundlagen sind und die Voraussetzung für eine Art von historischem Lernen. Wir wissen ja, dass die zentrale Kraft in den platonischen Dialogen die Erinnerungsfähigkeit ist. Schon Sokrates, dieser frühe moderne Bildungsarbeiter, hat als Erster »die Philosophie vom Himmel heruntergerufen, sie in den Städten angesiedelt, sie sogar in die Häuser hineingeführt und gezwungen, nach dem Leben, den Sitten, dem Guten und Schlechten zu forschen.«[13]

Diese sokratische Denkweise als eine öffentliche Form der Wahrheitssuche und der Kritik am Bestehenden hat seither keine Ruhe mehr gegeben. Für diese Wahrheitssuche ist das Erinnern zentral, erlaubt es doch, das Gegenwärtige am Vergangenen zu messen. Der Historiker Gerhard Schulz hält mit Recht fest: »In Europa, im griechischen Denken steht die Erinnerung, die weit über Leben und Erleben zurückgreift, am Anfang der Philosophie. *Mnēmē*, das Gedächtnis, ›tritt uns im Bereich des Lebendigen entgegen, (...) als die Fähigkeit (...), Eindrücke zu bewahren und zu horten‹ (Wolfgang Schadewaldt) (...) Bei Heraklit von Ephesos, dem ersten der ionischen Philosophen, von dem eine ansehnliche Zahl wörtlicher Fragmente existiert, tritt die lebensbestimmende Maßgabe ethischen Denkens in den Vordergrund, was die Stoa später wieder aufgreift. Ethik ist immer zugleich Politik. Doch alles Wissen ist Erinnerung; und die verweist auf die Unsterblichkeit der Seele, lehrt Plato in den letzten der sokratischen Dialoge, im Phaidon.«[14]

Wenn also in der gegenwärtigen Umbruchphase Europas die Erinnerungs- und Gedächtniskultur wieder ins Zentrum rückt, dann greift das auf sehr frühe Entwicklungen des europäischen Denkens zurück. Insofern sind die »Gedächtniszeiten«[15], von denen Dan Diner spricht, durchaus »Wiederholzeiten«, Ermahnungen an die Gegenwart, wichtige Lebensräume des Vergangenen im Gegenwartsinteresse zu verlebendigen. Das Gedächtnisparadigma hat für den Zusammenhang, in dem ich Bildung und politische Urteilskraft abhandle, nur dann sinnvolle Perspektiven, wenn daraus Lernprozesse erwachsen. Wenn Menschen aus Schmerzerfahrungen nichts lernen oder in Erinnerung geglückter Verhältnisse nicht bereit sind, Neuartiges zu riskieren, dann bewegt sich Geschichte in einem ungebrochenen Mythos; sie wäre die unendliche Wiederholung des Gleichen. Es ist deshalb das Problem noch einmal zu benennen: *Wenn geschichtliche Gedächtnisleistungen Sinn haben sollen, dann müssten sie Lernprozesse motivieren. Ein sinnloser Krieg mit gewaltigen Verwüstungen müsste unter diesen Aspekten die Urteilskraft schärfen, Kriege dieser Art zu vermeiden.*

Aber gibt es so etwas wie kollektives historisches Lernen überhaupt oder ist jede geschichtliche Erfahrung vergeblich? Geht man von einem anthropologischen Pessimismus aus, so ist aus geschichtlichen Erfahrungen nichts zu gewinnen, weil sie an den Konstanten überhaupt nichts ändern. Das wäre jedoch eine ganz und gar fiktive Annahme. Denn die Erinnerungskraft und die

Schmerzerfahrung der Menschen, die sich in kollektiven Mythen ablagern und in bestimmten Situationen immer wieder Aktualität gewinnen können, das sind querliegende Probleme, welche die Bruchstellen des historischen Prozesses mitbestimmen. Hegel schreibt: »Man verweist Regenten, Staatsmänner, Völker vornehmlich an die Belehrung durch die Erfahrung der Geschichte. Was die Erfahrung aber und die Geschichte lehren, ist dieses, dass Völker und Regierungen niemals etwas aus der Geschichte gelernt und nach den Lehren, die aus derselben zu ziehen gewesen wären, gehandelt haben. Jede Zeit hat so eigentümliche Umstände, ist ein so individueller Zustand, dass in ihm aus ihm selbst entschieden werden muss, und allein entschieden werden kann. Im Gedränge der Weltbegebenheiten hilft nicht ein allgemeiner Grundsatz, nicht das Erinnern an ähnliche Verhältnisse, denn so etwas, wie eine fahle Erinnerung, hat keine Kraft gegen die Lebendigkeit und die Freiheit der Gegenwart. Nichts ist in dieser Rücksicht schaler, als die oft wiederkehrende Berufung auf griechische und römische Beispiele, wie diese in der Revolutionszeit bei den Franzosen so häufig vorgekommen ist. Nichts ist verschiedener, als die Natur dieser Völker und die Natur unserer Zeiten.«[16]

Die »fahle Erinnerung« hat in einem von zügigen Schritten gekennzeichneten Fortschrittsmarsch nur verzögernde Wirkung; und zweifellos sind auch die Kostümierungen der Gegenwartsmächte in Kleidern der Vergangenheit, insbesondere in Zeiten revolutionärer Umbrüche, nur fragwürdige Symbole für Lebendigkeit; der Konsul Napoleon und die Konsuln Caesar und Cicero haben in der Tat nichts miteinander zu tun, außer in dem

Umstand, dass in allen drei Fällen Kostümierungen einen hohen Symbolgehalt haben. In diesen politischen Kostümierungen der Vergangenheit steckt allerdings viel von dem, was europäische Identität ausmacht. Der Kampf um politische Verortungen und der Versuch, geschichtliche Topoi der Erinnerung für den Gegenwartskampf zu mobilisieren, ist ein eigenes politisches Schlachtfeld. Im europäischen Zusammenhang ist Geschichte stets ein eigenes Kampffeld gewesen, auch eines der wechselnden Kostümierungen. Darum werde ich, allem hegelschen Pessimismus zum Trotz einen Rückblick auf historische Europabilder unternehmen.

Wo sind die Grenzen Europas?

Schon ein flüchtiger Blick in den historischen Atlas vermittelt den Eindruck, dass die Grenzen Europas von Jahrhundert zu Jahrhundert wechseln. Völker werden in die zentralen europäischen Machtbereiche einbezogen und kurze Zeit später wieder ausgegrenzt. Dreihundert Jahre nach dem Untergang des Weströmischen Reiches war Karl der Große nicht nur König der Franken, sondern auch der Langobarden, als *Patricius romanorum* war er der Schutzherr der Römischen Kirche und des Kirchenstaates. Mit den Sachsen hatte er den letzten großen germanischen Stamm seinem Reich hinzugefügt und missioniert. Die Bayern waren fest eingegliedert. Von der Ostsee bis zum Tyrrhenischen Meer, vom Ebro bis zur Elbe und zur unteren Donau reichte sein Herrschaftsgebiet. Es umfasste den größten Teil der heutigen Staaten

Deutschland und Italien, Österreich, der Schweiz und der heutigen Beneluxstaaten; die spanische Mark bildete einen Riegel gegen ein weiteres Vordringen der Mauren. Es hatte sich also eine Art *Kerneuropa* gebildet. Kaum zufällig lag die Hauptstadt Aachen in jenen Grenzbereichen, die heute von Frankreich und Deutschland markiert sind. Der architektonisch einzigartige Dom von Aachen mit seiner Oktogonkuppel war nach mehreren Jahrhunderten Stillstand das erste große Bauwerk dieses neuen Europa, in welches das Oströmische Reich nicht mit eingeschlossen war.

Wer hingegen die Grenzen von 1789 betrachtet, der wird erstaunt darüber sein, wie weit sich das Osmanische Reich bis hinein in die europäischen Kernlande ausgedehnt hatte. Über viele Jahrhunderte waren einzelne Länder, die man heute ganz selbstverständlich zu Europa zählt, wie Serbien, Bulgarien, Bosnien, Mazedonien, Griechenland und andere Gebiete, Bestandteile des Osmanischen Reiches, Herrschaftsterritorien der osmanischen Sultane, die seit 1300 bis ins 20. Jahrhundert hinein in Südosteuropa herrschten. Das mag einer der Gründe dafür sein, dass die ethnische Zersplitterung des Balkans und die damit verbundenen Hindernisse bei der Staatenbildung bis in die Gegenwart nachwirken. Die im 19. Jahrhundert häufig beschworene *Orientalische Frage* spielt, wie die prekären Gespräche mit der Türkei über einen Beitritt zur EU zeigen, bis in unsere Tage hinein für die kulturelle Selbstdefinition Europas eine bestimmende Rolle.

Ist im Westen die Grenzziehung Europas durch das Meer und die Lage der Inseln relativ eindeutig und stabil, so sind die Demarkationslinien zur östlichen Landmasse hin nur in recht groben Maßverhältnissen festzulegen. Dan Diner, der sich von der zerfaserten Peripherie aus dem Problem Europa im 19. Jahrhundert zu nähern versucht, schreibt: »Die mit dem Namen ›Orientalische Frage‹ bezeichnete Konfliktkonstellation von einer eineinhalb Jahrhunderte währenden Dauer verwandelte den Raum des christlich-orthodoxen Südens, der zugleich zum islamischen Norden gehörte, in einen Paukboden der europäischen Mächte. Als zu Europa im engeren Sinne gehörig, galt jener Raum des Übergangs jedenfalls nicht. Für England etwa, das sich im 19. Jahrhundert bei Weitem mehr als *von* Europa denn *in* Europa verstand,[17] gehörte die gesamte Balkangruppe zum *Near East*. Davon zeugen auf jeden Fall Karten aus jener Zeit. Es ist ein Raum der europäischen Peripherie, dort, wo westliche und östliche Christenheit sowie der Islam ineinander übergehen.«[18] Kerneuropa in seinen Ausmaßen zu bestimmen, ist nie besonders schwer gewesen; bezieht man aber in eine Europadefinition Russland, den Balkan, die Türkei mit ein, so wird es immer schwieriger, so etwas wie die substanzielle Basis dieses neu gegründeten und doch so alten Europa zu bestimmen. Um noch einmal Dan Diner zu zitieren: »Es war also vornehmlich die Orientalische Frage, jenes Spannungsgeflecht zwischen Russland, dem lateinischen Westen und der islamischen Macht der Osmanen, der im 19. Jahrhundert die Deutungsmacht oblag, was unter Europa zu verstehen war. Dieses Kontextes gilt es sich zu vergegenwärtigen.«[19]

Das Europa-Problem Russland

Wir haben es heute mit einem zentralen politischen Problem zu tun, das langfristig auch über die Haltbarkeit des »Hauses Europa« entscheiden wird, nämlich mit der Frage: Wie kann ein Europa aussehen, zu dem Länder wie die Ukraine und die Türkei gehören, aber Russland nicht? *Darin bestünde eben eine erweiterte Orientalische Frage*. Geschichtlich gab es vier Versuche, Russland in den europäischen Zusammenhang zu integrieren – zweimal durch Kriege und zweimal durch russische Versuche, den westeuropäischen Entwicklungsstand zu erreichen. Selbst wenn wir den Überfall auf Russland durch die *Grande Armée,* an der praktisch Soldatenkontingente aller von Napoleon unterworfenen und tributpflichtig gemachten Länder beteiligt waren, mit dem geplanten Vernichtungsfeldzug Hitlers nicht vergleichen wollen, war doch in beiden Fällen Russland der Block, der am Ende der imperialen Vereinigung Europas, ob als *Pax Franconia* oder *Pax Germaniae* (das ist in diesem Fall gleichgültig), entgegengewirkt hat. (Natürlich spielten bei beiden Russlandfeldzügen auch die gewaltigen Rohstoffquellen eine Rolle, die man gerne für die Hegemonialmacht hatte nutzen wollen.) Die Wege, die Peter der Große und Lenin beschritten, waren kulturelle Annäherungen an Europa, dem ja die aristokratischen und intellektuellen russischen Führungsschichten, wie Tolstoi in seinem Roman *Krieg und Frieden* zeigt, kulturell immer sehr viel näherstanden als das russische Volk; ihre Strategien nahmen den okzidentalen Rationalismus auf und benutzten westliches Denken für Modernisierungsprozesse, jedenfalls in Teilbereichen.

Wollte man Europa als geographisches Gebilde in seinen Grenzen bestimmen, so wäre eine Lexikonauskunft hinreichend: »Als konventionelle Grenzen gegen Asien gelten Ural, Uralfluss, Kaspisches Meer und die Manytschniederung bis zum Asowschen Meer. Von Vorderasien und Afrika trennen es Schwarzes Meer, Bosporus, Marmarameer, Dardanellen, Mittelmeer und die Straße von Gibraltar. Nach Westen und Nordwesten bildet der Atlantische Ozean mit seinen Nebenmeeren die Grenze. Größte Halbinseln sind die Skandinavische, die Iberische, die Apennin- und die Balkanhalbinsel. Größte Inseln sind Großbritannien, Island und Irland. Als Nordspitze Europas gilt gemeinhin das Nordkap in Norwegen (...), der südlichste Punkt des europäischen Festlandes befindet sich in Spanien (...), der westlichste in Portugal (...), der östlichste in Russland (im Polarural) (...).«[20]

In großer Unbefangenheit und in naivem Selbstvertrauen auf die schöpferischen Kräfte des »Abendlandes« haben Konservative aller Schattierungen immer wieder Europa-Kriterien mit weit dehnbaren Grenzverläufen ausfindig gemacht. So meint Oswald Spengler, dass erst in der Zeit Peters des Großen, der das Zarenreich nach westlichem Vorbild umgestalten wollte, das Wort Europa in den »allgemeinen Sprachgebrauch der westlichen Völker einzudringen [begann] und in Folge dessen, wie es üblich ist, unvermerkt auch in das praktische politische Denken und die geschichtliche Tendenz. Bis dahin war es ein gelehrter Ausdruck der geographischen Wissenschaft gewesen, die sich seit der Entdeckung Amerikas am Entwerfen von Landkarten entwickelt hatte. Es ist bezeichnend, daß das Türkische Reich, damals noch eine wirkliche Großmacht, welche die ganze Balkaninsel und Teile des südlichen Rußland besaß, instinktiv nicht dazu gerechnet wurde. Und Rußland selbst zählte im Grunde nur als Petersburger Regierung. Wieviele der westlichen Diplomaten kannten denn Astrahan, Nischni Novgorod, selbst Moskau und rechneten sie gefühlsmäßig zu ›Europa‹? Die Grenze der abendländischen Kultur lag immer dort, wo die deutsche Kolonisation zum Stillstand gekommen war.«[21] Auch England habe sich, meint Spengler, »nie ganz als Bestandteil Europas aufgefaßt«.

Die enge Verbindung von Erinnern und Lernen

Diese Exkurse in historische Europabilder haben in meinem Argumentationszusammenhang den Sinn, an den prekären Rändern Europas Entwicklungsbrüche aufzuzeigen, die als unbearbeitete Blöcke in die Gegenwart hineinragen und dauerhaft störende Wirkungen erzeugen, wenn sie nicht in das kollektive Bewusstsein aufgenommen werden. *In der ungleichzeitigen Entwicklung der einzelnen europäischen Gesellschaftsordnungen liegt das Hauptpotenzial möglicher Rückschläge bei der europäischen Einigung.* Die Kriege und blutigen ethnischen »Säuberungen« in den Balkanländern haben in jüngerer Vergangenheit nachdrücklich darauf verwiesen, dass auch nach Jahrhunderten kollektive Demütigungen und nationale Verletzungen wieder zu einem Flächenbrand anstiften können, wenn sie nicht ins öffentliche Bewusstsein der Erinnerungsarbeit gehoben werden. *Europa kann sich nicht allein durch Marktverkehr, politische Institutionen und einheitliche Währung zu einer friedensfähigen und auf Ausgrenzung verzichtenden Ge-*

meinschaft entwickeln, wenn das Disparate dieses Vereinigungsrohstoffs nicht bearbeitet wird: durch die Entwicklung einer Erinnerungs- und Gedächtniskultur ebenso wie durch die Förderung und allgemeine Entfaltung politischer Urteilskraft. Nur in diesem Spektrum können die in Europa zusammenlebenden Völker voneinander lernen.

Es ist wohl kaum ein Zufall, dass in den Jahren 2004, 2005 bei den Gedenkfeiern zum Ende des Zweiten Weltkriegs nach sechzig Jahren die höchst aktuelle und politische Frage sich immer wieder in den Vordergrund drängte, in welcher Verfassung sich dieses Europa befindet, mit den damals 25 (jetzt 27) Mitgliedsstaaten, die ja alle bereits ihre Verfassungen haben und, was in der europäischen Geschichte einzigartig ist, mit Plebisziten, Regierungsdeklarationen oder parlamentarischen Voten um ein gemeinsames Verfassungsgerüst rangen und ringen. Damals wurden viele alte Wunden wieder offensichtlich, was für die europäischen Einigungsbemühungen aber durchaus vorteilhaft sein konnte. In der Erkenntnis der Heterogenität und der disparaten Bewegungsabläufe, ja der Ungleichzeitigkeit innerhalb des europäischen Geschichtsgeschehens liegt die Chance, jene Elemente stärker ins öffentliche Bewusstsein zu rücken, die für die europäische Tradition des Denkens und der politischen Bewusstseinsbildung charakteristisch sind. *Ein prägender Grundzug dieser europäischen Denkweise besteht in der engen Verbindung von Erinnern und Lernen;* Platos *anamnesis* bringt das auf den philosophischen Begriff.

Niemand aber weiß genau, was dieses Europa ist – und welcher Art die Arbeitsprozesse sein müssten, aus denen ein von allen akzeptiertes Europa resultierte. Denn eine europäische Identität muss das Ziel sein, die vergleichbar wäre mit der eines US-Amerikaners oder in der Vergangenheit der einer Vollbürgerin des Römischen Reiches. Den Rechtsstatus eines europäischen Bürgers, einer europäischen Bürgerin, näher zu bestimmen, mag noch jene Komplexe betreffen, die durch Regierungsvereinbarungen zustande kommen und auf eindeutig definierten Kriterien beruhen. Viel schwieriger sind dagegen Fragen zu beantworten, die auf das Wesen der *europäischen Weltauffassung* zielen, um daraus eine Art Berechtigung abzuleiten, Europa zuzugehören. Wo sind die Grenzen Europas? Werden sie durch zwischenstaatliche Vereinbarungen festgelegt, sodass nur die Länder zu Europa gehören, die durch Übereinkommen souveräner Einzelstaaten als europäische eingestuft werden? Oder werden die kulturellen Traditionen, religiöse und geistige Herkunftsmilieus, die vielleicht vor Jahrhunderten von Europäern mitgeprägt wurden, in diese Gründungsakte Europas mit einbezogen? Im 125. Bergedorfer Gespräch wurden im Januar 2003 diese Argumentationslinien auf die Frage zugespitzt: Europa neu *gründen* oder Europa neu *begründen?*

Der Mythos Europa ist wohlbekannt, sein Sinngehalt jedoch durchaus geheimnisvoll und verworren. Es lohnt sich, den Mythos über die Entführung der phönikischen Königstochter Europa durch Zeus ins Gedächtnis zu rufen: Europa gebiert dem Götterkönig drei Söhne, aber symbolträchtiger für den Kontinent Europa sind wohl drei merkwürdige Geschenke, die dem entführten Mädchen überreicht werden: Sie erhält von Zeus einen immer treffenden Speer, den schnellsten Hund der Welt, Lailaps, und Thalos, einen Bronzemann, der täglich um Kreta herumläuft und die Eindringlinge verjagt – mit Grenzsetzungen, ja mit Ausgrenzungen, wie sie der Bronzemann alltäglich zu leisten hat, ist Europa ja immer beschäftigt gewesen. Bemerkenswert an diesem Mythos ist, dass die Namensgeberin aus einem vorderasiatischen Grenzland stammt. »Die Geschichte von Europa (...) weist eine Fülle verwirrender Varianten auf«, stellt der Altertumsforscher Robert von Ranke-Graves fest. »Europa bedeutet ›breitgesichtig‹; es ist Synonym für den Vollmond und ein Beiname der Mondgöttinnen Demeter in Lebadeia und Astarte in Sidon. Wenn man das Wort jedoch nicht *eur-ope,* sondern *eu-rope* liest (nach der Analogie von Euböia), kann es auch ›gut für die Weiden‹ – das heißt ›gut bewässert‹ bedeuten. (...) Der Sage von der Vergewaltigung der Europa durch Zeus liegt eine frühe hellenische Besetzung Kretas zugrunde. (...) Es ist möglich, dass die Sage von Europa die Erinnerung an einen Überfall der kretischen Hellenen auf Phönikien widerspiegelt.«[22] So mag die Verwirrnis im Mythos einen offenen Verlauf nehmen; schon im Wortursprung steckt ja das griechische *euros,* was »Weite«, »Breite« bedeutet.

Im Verlauf der Geschichte hat sich die Frage, was denn eigentlich Europa sei, immer weiter in den Vordergrund geschoben, je deutlicher europäisches Denken eine unverwechselbare Prägung gewann. Dieses Denken in Grenzdefinitionen ist im selben Maße raumgreifend, wie die aus griechischer und römischer Antike, aus Christentum und spezifisch jüdischer Rationalität hervorgehende Denk- und Lebensweise, welche die europäischen Verhältnisse mitbestimmt und auch darüber hinaus prägend ist. Auswanderungsbewegungen, wie die der Pilgrim Fathers oder der späteren

Emigrationen, welche die Staatsverfassung und das Gesellschaftssystem etwa der Vereinigten Staaten von Amerika oder Australiens bestimmten, entwerten zunehmend Grenzziehungen, die durch autochthone Herkunftsmilieus definiert sind. Könnte nicht beispielsweise ein Bewohner Sydneys, wenn man mit ihm ins Gespräch käme, möglicherweise »europäischer« denken als vielleicht mancher Isländer oder Ire? Gewiss, Europa entstand in der Mittelmeerkultur; dazu gehörten aber auch Karthago, Jerusalem und Troja. Die *Breitgesichtigkeit* des europäischen Kontinents, worauf der Name Europa hindeutet, verweist auf eine sehr schwierige Abgrenzung. Würde sich die Europäische Union als ein kulturell-politisches Staatengebilde konstituieren, träte möglicherweise eine europäisch orientierte Diaspora in der ganzen Welt hervor – Regionen oder Städte, die sich im Widerspruch zum staatlich verfassten Zusammenhang, in dem sie existieren, kulturell und im Selbstwertgefühl an Europa orientieren.

Wenn die geistige und kulturelle Produktion so weit in die Welt hineinreicht, dann werden die Grenzziehungen immer schwieriger. Vielleicht liegt aber gerade darin die Chance, Europa nicht nur als einen erweiterten Nationalstaat mit Grenzpatrouillen, sondern als Gesellschaftsentwurf zu verstehen.

Aus Krisenherden Handlungsfelder machen

Es ist gewiss eine riskante Behauptung, dass es zwischen bestimmten Charakterprägungen und dem Gesellschaftssystem Entsprechungen gibt. Mit einer Masse autoritärer und autoritätsgebundener Menschen lässt sich unter keinen Umständen eine lebendige demokratische Ordnung aufbauen; man kann noch einen Schritt weiter gehen und behaupten, *wer der Auffassung ist, dass Politik eine Angelegenheiten von ›Eliten‹ sei, bedroht und gefährdet ein demokratisches Gemeinwesen*. Wie sieht der Mensch aus, der sich mit viel Lebensenergie um eine friedensfähige politische Ordnung bemüht? Kant hat vom Menschen als einem krummen Holze gesprochen, aus dem schwerlich etwas Gerades zu zimmern sei; gerade deshalb sind ihm zufolge Institutionen und Kulturzustände herzustellen, in denen dieses krumme Holz nicht zerstörerisch wirken kann. Was denkt und empfinden ein Pole, eine Spanierin oder eine Griechin, wenn man ihnen ein kollektives Lernen zumutet, um daraus schließlich das Selbstwertgefühl zu gewinnen, das sich in einem glaubwürdigen Satz niederschlägt: Ich bin Europäerin. Solange das nicht zur Selbstverständlichkeit des Alltags geworden ist, wird der Aufwand an politischer Bildung in allen europäischen Ländern in dem Maße an Bedeutung und Gewicht gewinnen, wie die sozialen Konflikte schärfer werden und die nationalen Selbstwertgefühle ihr traditionelles Gewicht behalten.

Die Tendenzen radikaler Gesinnungslösungen, wie sie im weiten Spektrum des Fundamentalismus aller Schattierungen auftreten, sind in der demokratischen Option der Gesellschaft schwer integrierbar. Sie sind Zeichen einer gefährlichen Rückkehr des konfessionellen Bürgerkriegs, fallen also hinter den Westfälischen Frieden zurück. Den Fundamentalisten jeglicher Herkunft ist die Idee der Toleranz abhanden gekommen. Sie machen eine zentrale Errungenschaft der europäischen Geschichte rückgängig, nämlich die Trennung von Legalität und Moralität. Die große Bedeutung, welche Rechtsinstitutionen bei Kant haben, beruht auch darauf, dass Fundamentalisten unter keinen gesellschaftlichen Bedingungen friedensstörend sein sollen. Bei der Frage danach, wie der Mensch sein soll, spielt eine Rolle, was in der »Evolution einer naturrechtlichen Verfassung«, wie Kant seinen Begriff der Revolution versteht, an Potenzialen menschlicher Befreiungsakte enthalten ist. Kant hat, im Unterschied zu vielen Philosophen und Dichtern seiner Zeit, die anfänglich begeistert waren, dann aber auf Distanz gingen, bis zum Lebensende die Französische Revolution, auch die Periode des jakobinischen Terrors, öffentlich verteidigt. Dabei hielt er freilich an einem pragmatischen Fortschrittsbegriff fest. Die »moralische Grundlage im Menschengeschlecht« sei ziemlich konstant, sie vergrößere sich nicht im mindesten. *Die Veränderung zum Besseren liege nicht in den Motiven, sondern in den Handlungen*. Es werde etwa mehr Wohltätigkeit, weniger Zank in Prozessen, mehr Zuverlässigkeit im Worthalten geben. Es sei nicht zu erwarten, dass die Menschen moralischer werden. Die Fortschrittsentwicklung, das Bild vom Menschen, wie der Aufklärer Kant es zeichnet, ist sehr sparsam; die Sache mit dem krummen Holz verweist auf Charaktereigenschaften. Der Neigung zur Vergesellschaftung und einer geselligen Lebensweise widerspricht ein Trieb der Vereinzelung, der gewalttätigen Ausgrenzung anderer Menschen und der Gesellschaft. Die moderate Einschätzung der menschlichen Natur geht auf die ungesellige Geselligkeit der Menschen; die eher pessimistische Deutung ist in der lapidaren Feststellung enthalten, dass der Krieg auf die menschliche Natur gepropft sei. Aber die Hauptausstattung der menschlichen Natur ist die Autonomie- und Freiheitsfähigkeit;

es sei eine »klare Anzeige ihrer Absicht in Ansehung seiner Ausstattung«, dass er vor allem, im Wohlstand wie im Übel, das Verdienst ganz allein haben solle. Wir wissen nicht, ob es einen freien Willen gibt. Wir sind auf Vermutungen angewiesen. Diese sind freilich nicht haltlos. Dass wir das Vermögen einer moralischen Selbstgesetzgebung haben, verweist auf die Freiheitsfähigkeit. Kant sagt deshalb: Das Sittengesetz ist die *ratio cognoscendi,* der Erkenntnisverweis auf die Freiheitsfähigkeit, die Freiheit ist die *ratio essendi* des Sittengesetzes.

Warum so viel Kant in Zusammenhängen, bei denen es um die Begründung europäischer Lernprozesse geht? Die Antwort ist einfach: In Kants Philosophie rückt der Würdebegriff ins Zentrum der Persönlichkeitsrechte. Verstand, Vernunft, Wissen und Glaubensgewissenheiten – all das und noch andere Fähigkeiten des Menschen sind nicht hinreichend, um seine Sonderstellung in der Welt zu begründen. *Es ist einzig und allein die Würde, seine Fähigkeit der Selbstgesetzgebung und der Achtung der Menschheit in seiner Person, was ihn von allen anderen Lebewesen unterscheidet; das bestimmende Persönlichkeitsmerkmal ist der aufrechte Gang, seine Würde, die keinen Preis hat.* Kein Philosoph vor Kant hat so entschieden und unzweideutig den Würdebegriff aus gesellschaftlichen Statuszuschreibungen herausgelöst und zur Leitnorm des Aufklärungszeitalters gemacht. »Ein jeder Mensch hat rechtmäßigen Anspruch auf Achtung von seinen Nebenmenschen, und wechselseitig ist er dazu auch gegen jeden anderen verbunden. Die Menschheit selbst ist eine Würde; denn der Mensch kann von keinem Menschen (weder von anderen noch so gar von sich selbst) bloß als Mittel, sondern muss jederzeit zugleich als Zweck gebraucht werden, und darin besteht eben seine Würde (die Persönlichkeit), dadurch er sich über alle anderen Weltwesen, die nicht Menschen sind, und doch gebraucht werden können, mithin über alle Sachen erhebt. Gleichwie er also sich selbst für keinen Preis weggeben kann (welches der Pflicht der Selbstschätzung widerstreiten würde), so kann er auch nicht der ebenso notwendigen Selbstschätzung anderer, als Menschen, entgegen handeln, d. i. er ist verbunden, die Würde der Menschheit an jedem anderen Menschen praktisch anzuerkennen, mithin ruht auf ihm eine Pflicht, die sich auf die jedem anderen Menschen notwendig zu erzeigende Achtung bezieht.« (Metaphysik der Sitten, Tugendlehre § 38). Bloch würde von dem aufrechten Gang als dem Hauptmerkmal des Menschen sprechen, und Kant stellt die rhetorische Frage: Gibt es nicht genügend Beweise für einen weit verbreiteten Hang zur Kriecherei? Er sieht es so: »Wer sich aber zum Wurm macht, kann nachher nicht klagen, dass er mit Füßen getreten wird.« (Metaphysik der Sitten, Tugendlehre § 11, Von der Kriecherei).

In jeder Epoche gibt es Wunschvorstellungen der Menschen, wie ein Selbstideal auszusehen hätte; würde man einen Bürger der Zeit des Perikles befragen, wie er sich den Menschen in seiner wünschenswerten Gestalt vorstelle, so wäre gewiss die prompte Antwort: Es ist der Polisbürger, das *zoon politikon,* ein Lebewesen, das sich um das Wohl und Wehe des Gemeinwesens kümmert. Denn außerhalb der Polis können nur, wie später Aristoteles feststellt, Götter und Tiere leben. Noch unser Lehnwort vom Idioten zeugt von dieser selbstverständlichen Definition des vollwertigen Menschen; *idiotes* heißt im Griechischen schlicht der Privatmann, es ist nicht der Verrückte, sondern derjenige, der sich nicht um das Gemeinwesen kümmert. Und wollte man einen Menschen des Zeitalters der Renaissance befragen, welchen Menschentyp er für wünschenswert hielte, so wären Umschreibungen möglich, die man heute mit der Figur von Leonardo verknüpfen könnte; ein auf Erkenntnis neugieriger Mensch, ein Projektierer auf allen Ebenen, wie eben Leonardo in der Vielfältigkeit seiner künstlerischen und wissenschaftlichen Ausdrucksformen heute erkennbar ist. Er stiehlt Leichen, um zu sehen, wie der Mensch zusammengebaut ist, produziert Fahrräder, Kaperwerkzeuge von Schiffen. Nichts davon funktioniert wirklich, aber die weltoffene Entwurfsphantasie kennt keine Grenzen. Und wollte man Wilhelm von Humboldt fragen, was für ein Mensch in der Bildung und Erziehung geprägt werden sollte, so würde er mit Nachdruck darauf beharren, dass es ein Mensch sei, der durch Wissenschaft einsichtig geworden ist und entsprechend handelt. In Einsamkeit und Freiheit sich zu bilden, kommt allen zugute, den Individuen und dem Gemeinwesen.

Was wir heute vorfinden, wenn wir nach einem Selbstideal der Gegenwart fahnden, lässt sich schwerlich auf einen gemeinsamen Nenner bringen; es sind im Grunde drei Bilder vom Menschen, die auf ganz verschiedene Entwicklungsrichtungen verweisen. Sie sind nicht nur objektiv in ihrer gesellschaftlichen Funktion widersprüchlich, sondern zerreißen auch das Subjekt selbst. *Deshalb ist das Ringen um Identität ein besonderes Kampffeld der gesamteuropäischen politischen Bildung.*

Ein Idealbild der Menschen geistert in unserer Gesellschaft seit gut zwei Jahrzehnten herum und saugt Realität auf: Es trägt den Namen un-

ternehmerisches Selbst. Die Figur des Unternehmers ist es, die als kulturelles Selbstideal in Erscheinung tritt, der eigentliche Mensch ist Unternehmer. Im Rückblick auf die Anfänge der europäischen Einigung erscheint diese Definition ziemlich abenteuerlich. 1965 verabschiedete die Generalversammlung der französischen Unternehmerverbände eine gemeinsame Charta, die in Konturen ein unternehmerisches Weltbild skizzierte. Gemalt wurde das Bild eines Zweifrontenkrieges, nach oben gegen alle möglichen Staatseingriffe, nach unten gegen die Einmischung der Gewerkschaften in die Autorität der Unternehmensleitungen. Den Beitrag zum Gemeinwesen verstand man wie folgt: Der Gewinn sei eine der wesentlichen Triebkräfte des wirtschaftlichen Wachstums, und die durch ihn angeregten Investitionen, sicherten die Zukunft. Die Charta propagierte einen kollektiven Aufbruch hin zu einem Europa der Unternehmer und niemand, der an ihrer Formulierung beteiligt war, auch nicht die in die Beratung einbezogenen deutschen Verbandsfunktionäre, hat sich vorstellen können, dass dieser Wunschtraum etwa vierzig Jahre später Realität werden würde. Aber noch weniger vorstellbar war den Unternehmern der 1960er Jahre, dass sie nur ökonomische Gewinner sein könnten, denn damals wäre es lächerlich erschienen, den Menschen auf einen *homo oeconomicus* zu reduzieren und daraus ein Idealbild menschlicher Existenzweise zu produzieren.

Heute aber haben wir das Europa der Unternehmer und die drückende Realitätsmacht dieses Bildes vom unternehmerischen Selbst oder dem unternehmerischen Ich erschwert jene kollektiven europäischen Lernprozesse, die für eine Bewältigung der strukturellen Krisenerscheinungen notwendig wäre. Für eine Gesellschaft der Unternehmer passt es gut, wenn nicht Soziologie oder Philosophie Leitwissenschaften sind, sondern die Betriebswirtschaft, denn die Betriebswirtschaft arbeitet mit der Ideologie, dass die Summe der rationalisierten Einzelbetriebe den Wohlstand einer Gesellschaft ausmacht. Nicht nur soll jeder seines Glückes eigener Schmied sein, sondern es wird ihm auch zugeschrieben, dass er sich fortwährend auf Augenhöhe mit den Bank- und Industriebossen halten kann. Denn sein Kapital ist der Besitz der lebendigen Arbeitskraft, welche die wirkliche Quelle des individuellen und gesellschaftlichen Reichtums ist.

Zu keiner Zeit der Nachkriegsperiode hat der Erfinder dieser Idee vom unternehmerischen Selbst, Joseph Schumpeter, ein derartiges Ansehen und eine entsprechende Verbreitung gefunden wie heute; weitgehend unbekannt sind Schumpeters scharfsinnige Auseinandersetzungen mit Marx, der Planwirtschaft, den industriellen Entwicklungsstrategien und den Wachstumszyklen. Ihn hat vor allem beschäftigt, was die innere Triebkraft der kapitalistischen Dynamik ausmacht. Über welche Kraftquellen, die offensichtlich unerschöpflich sind, verfügt dieses System, die immer wieder zur Ruhe tendierenden Gleichgewichtszustände im wirtschaftlichen Handeln aufzubrechen, neue Basisinnovationen in die Welt zu setzen? Es ist die absolute Ruhelosigkeit eines Systems, das weder den verselbstständigten Erwerbsgeist, wie es Max Weber definiert, noch das Profitstreben zur ausreichenden Existenzgrundlage hat. Auch sind es nicht die menschlichen Eigenschaften, die Schumpeters Landsmann Robert Musil ins Feld führt, um die unglaubliche Produktivität dieses kapitalistischen Wirtschaftssystems zu begründen. In einer kleinen, wenig bekannten Schrift mit dem Titel *Der deutsche Mensch als Symptom* sagt Robert Musil: »Dieses Bedürfnis nach Eindeutigkeit, Wiederholbarkeit und Festigkeit wird auf seelischem Gebiet durch die Gewalt befriedigt, und eine Spezialform dieser Gewalt, eine unerhört geschmeidige, entwickelte, und nach vielen Richtungen schöpferische, ist der Kapitalismus. Es wurde hier schon dafür der weitere Begriff einer Ordnung aufgestellt, welche mit der Ichsucht rechnet. Dieses Ordnungsprinzip ist so alt wie die menschlichen Verbände selbst. Wer auf Stein bauen will im Menschen, muss sich der Gewalt oder der Begierden bedienen. Dieses mit den schlechten Fähigkeiten des Menschen rechnen ist eine Spekulation à la baisse. Eine Ordnung à la baisse ist dressierte Niedrigkeit. Sie ist die Ordnung der heutigen Welt. Ich lasse dich gewinnen, damit ich mehr gewinne, oder ich lasse dich mehr gewinnen, damit ich überhaupt etwas gewinne. Diese List eines überlegenen Parasiten ist die Seele der anständigsten Geschäfte, welche abgeschlossen werden.« Aber auch die Mobilisierung der niedrigsten Eigenschaften der Menschen, die Musil für die verlässlichsten hält, kann nicht allein eine Wirtschaftsdynamik am Laufen halten, die in einer Weise den Erfindungsgeist und die schöpferische Phantasie erregt, wie der Kapitalismus.

Das ist eben der Punkt, den Schumpeter fixiert, um das neue schöpferische Subjekt der Geschichte kenntlich zu machen. Es ist der Unternehmer, aber nicht in der uns vertrauten Gestalt des Fabrikherren, des Kapitalbesitzers. Diese sind nach Schumpeter »grundsätzlich nur dann Unternehmer (…), wenn sie eine *neue Kombination* durchsetzen«. Unternehmer sein ist kein Beruf, vielmehr ist es schöpferische Tätigkeit. Eigentum an Betrieb oder irgendwelches Vermögen, das wirtschaftliche Tätigkeit anregen könnte, das alles definiert nicht den Unternehmer. »Unternehmung nennen wir die Durchsetzung neuer Kombinationen und auch deren Verkörperung in Betriebsstätten usw. Unternehmer, die Wirtschaftssubjekte, deren Funktion die Durchsetzung neuer Kombinationen ist und die dabei das aktive Element sind.«[23] Die phantasiereiche Kombination von Produktionsfaktoren, die Fähigkeit, die Konkurrenten auf dem Markt mit neuen Kombinationen der Produktionsfaktoren zu überraschen und ihnen Märkte abzujagen, das macht diesen ökonomischen Überlebenskampf wohl auch lustvoll. Schumpeter trennt vollständig die Unternehmerfunktion vom Kapital. *Die Unternehmer alten Typs, als Ausbeuter verschrieen und im gesellschaftlichen Ansehen nicht besonders hoch bewertet, haben durch die neoliberale Wende eine Aufwertung erfahren, die es ihnen ermöglichte, sich als die produktivste Elite zu präsentieren, die aufgrund ihres Schöpfertums keinerlei politische oder moralische Verpflichtungen akzeptieren muss.* Es ist eine Glorifizierung des unternehmerischen Schöpfertums, wenn Schumpeter sagt, »... die Durchsetzung neuer Kombinationen ist eine besondere Funktion und Privileg von Leuten, die viel weniger zahlreich sind als jene, die die äußere Möglichkeit dazu hätten, und oft von Leuten, denen jede äußere Möglichkeit dazu zu fehlen scheint. Deshalb sind die Unternehmer ein besonderer Typus, deshalb auch ihr Tun ein besonderes Problem und der Erzeuger einer Reihe bedeutsamer Phänomene.«[24]

Wodurch wird eine solche Verallgemeinerung des Unternehmerdaseins zu einem allgemeinen normativ gefassten Bild des Menschen? Dazu bedarf es eines Kulturzustandes, in dem die

Kommerzialisierung nahezu aller Lebensbereiche weitgehend zur Selbstverständlichkeit geworden ist. Marx macht eine subtile Unterscheidung zwischen der äußeren Beziehung des Kapitals zu den gesellschaftlichen Lebensbereichen, was er die formelle Subsumtion unter das Kapital nennt, und der reellen Subsumtion, in der gleichsam das Kapital in das Innere der Menschen versetzt ist und sich hier befestigt hat. *Wenn das Denken in den Kategorien des Kapitals sich jedoch verallgemeinert, sind Krisenlösungen ohne kollektive Bildungsoffensiven unmöglich.* Denn das Kapital ist in die Grundausstattung der Menschen eingedrungen. Es ist nicht mehr das bloße Gegenüber, der sichtbare Gegner oder Feind, den man bekämpfen kann, sondern das Kapital ist ein Bestandteil der Subjekte geworden. Aber diese unternehmerische Selbsterhöhung des Menschen erweist sich doch sehr schnell als ein Trugbild, denn im Grunde benötigt diese Form des Kapitalismus mit den vorherrschenden Machtverhältnissen nicht den autonomen Menschen und schon gar nicht eine demokratische Gesellschaftsordnung, sondern den allseitig Verfügbaren. So ist das Scheitern der von unternehmerischer Autonomie geprägten Ich-AG's ein demonstrativer Beweis dafür, wie strikt die Machtgrenzen in unserer Gesellschaft die Zugangsbedingungen regeln und wohl doch 90 Prozent der Bevölkerung vom unternehmerischen Erfolg systematisch ausschließen. *Insgesamt ist es so, dass die wirklichen Unternehmer einen Menschentyp bevorzugen, der seine Freiheit wesentlich als Angebot allseitiger Verfügbarkeit versteht.*

Zweifellos zeigen sich Tendenzen, die beide Varianten des modernen Bildes vom Menschen – der Unternehmer und der allseitig Verfügbare – zersetzen und Fragestellungen in den Vordergrund rücken, die Erziehung und Bildung mit einer Norm des aufrechten Gangs und der Würde verknüpfen. Die lebendige Alltagserfahrung zeigt die dahinter stehende Absicht, die individuellen Kraftquellen für die bestehenden Herrschaftsverhältnisse zu funktionalisieren. Wie verdeckt und verdreht das manchmal auch erscheinen mag, so manifestiert sich doch ein Menschenbild, in dem die emanzipativen Farben und die Aufklärungstraditionen deutlich erkennbar sind und sich als normative Richtlinien der Bildung und Erziehung anbieten. Zu diesem Komplex will ich abschließend einiges erörtern, das für das von mir vorgeschlagene Projekt eines neuen kollektiven gesamteuropäischen Lernprozesses von Bedeutung ist.

Bildung ist Anlegen von Vorräten

Wenn wir von Bildung und einem spezifischen Menschenbild sprechen, müssen wir uns vorrangig darüber bewusst sein, in welcher gesellschaftlichen Ordnung wir leben und welche wir wollen. In einer autoritären oder gar totalitären Verfassung der Gesellschaft wird ein anderer Menschentyp gefördert und geprägt als in einer eher freien Gesellschaftsordnung, die möglichst massenhaft kreative Beteiligung der Menschen erforderlich macht. Es muss deshalb unmissverständlich und mit eindeutigen Grenzsetzungen darauf beharrt werden, dass eine demokratische Gesellschaftsordnung ganz spezifische Lernanforderungen hat, die natürlich für ein einzelnes Land genauso gelten wie für eine transnationale europäische Demokratie. *Denn Demokratie ist, wie ich bereits gesagt habe und hier noch einmal in Erinnerung rufen möchte, die einzige politisch verfasste Ordnung, die gelernt werden muss; nicht ein für alle mal durch Aneignung bestimmter Regeln (das vielleicht auch), sondern alltäglich und von Kindheit ausgehend bis ins hohe Alter hinein.* Partizipation an den allgemeinen Angelegenheiten ist ein wesentliches Element dieser Lernprozesse. Keine andere Gesellschaftsordnung bedarf für ihren inneren Zusammenhalt so entscheidend des Lernens im Sinne eines kreativen Umgangs mit Dingen und anderen Wesen. *Für nicht-demokratische Gesellschaftsordnungen reicht es aus, wenn das ganze Wissenschafts- und Bildungssystem darauf abgestellt ist, den leistungsbewussten Mitläufer mit den nötigen Qualifikationen auszustatten.*

Der Bildungsbegriff, der für eine demokratische Gesellschaftsordnung erforderlich ist, hat eine ganz andere Qualität. Es ist ein skandalöser Tatbestand, dass vieles von dem, was im europäischen Maßstab mit den Bologna-Entscheidungen in Gang gebracht worden ist, in der Tat den Anforderungen einer demokratischen Erziehung in einer von zivilen Standards geprägten Gesellschaft widerspricht. Im Interesse der Vergleichbarkeit und der Flexibilität, was beides empirisch kaum belegbar ist, werden Bildungsinhalte auf Funktionalisierung und Qualifikation reduziert, die der weiterführenden Reflexion bedürften; das Stoffelend, an dessen Beseitigung Generationen von Pädagogen gearbeitet haben, kehrt in fataler Weise vermehrt im ganzen sogenannten Bolognaprozess wieder. *Die Dominanz verständnisschwachen Lernens zerstört genau das, was Humboldt wollte: Bildung als Anlegen von Vorräten, als eine Art Lagerhaltung, die aufbewahrt, was man nicht unmittelbar anwenden kann und was man auch nicht sofort braucht, was aber in der Lebens-*

perspektive notwendige kritische Potenziale der Weltauffassung bewahrt. So dringt auch hier das betriebswirtschaftlich verkürzte Denken in einen Lernprozess, der auf bloße Gedächtnisleistungen reduziert ist.

Der Zeitverzehr, den diese merkwürdige Bildungsreform nahelegt, ist so dramatisch, dass das Lesen von Büchern eigentlich schon viel zu zeitraubend ist. So ist in diesen Lernprozessen die *just-in-time* Produktion spürbar, als wäre nicht eine komplexe digitalisierte Gesellschaft gerade diejenige, die auch komplex reflektiertes Wissen erforderlich macht, sondern bloß oberflächliche Kenntnis von Vorgängen und Menschen. Es ist merkwürdig, dass der Abbau von Lagerhaltungen im Warenverkehr dem entspricht, was wir alltäglich wahrnehmen, dass nämlich die Lager ausgeräumt werden und sich im Sinne universeller Flexibilität auf den Straßen bewegen. Bildung ist allerdings ein Prozess, der sich nicht grundsätzlich auf Tausch reduzieren lässt, sondern über eine eigene Zeitstruktur verfügt. *Es ist aussichtslos, die Beziehung zwischen einem Kaufhaus und den Kunden auf die Universität zu übertragen, indem man die Studierenden zu Kunden degradiert.*

In einer demokratischen Gesellschaft geht es eben nicht nur um technische Qualifikationen der Menschen, sondern immer auch um Persönlichkeitsbildung, und diese setzt das Anlegen von Vorräten voraus, begriffliche Mittel, Methoden, Bücher, viele Dinge, die nicht unmittelbar anwendbar sind. Das organisierende Zentrum einer demokratischen Bildung ist die Würde. Mit dem Begriff der Würde hat Kant eine Kategorie ins Spiel gebracht, die alles von dem enthält, was nicht austauschbar ist und nicht mit einem Preis zu versehen.

Es gibt sicherlich eine ganze Reihe von Projekten in Europa, die politische Bildung zum Gegenstand haben. Eines dieser Projekte, die von der EU-Kommission finanziell gefördert wurden, möchte ich erwähnen, weil in diesem Falle eigene Vorstellungen in einer didaktischen Konzeption umgesetzt und in fünf Ländern überprüft wurden. Grundlage für diese Projekte, an denen zwanzig Wissenschaftler und Bildungspraktiker aus Dänemark, Deutschland, Lettland, Österreich und Polen beteiligt waren, war meine Schrift *Soziologische Phantasie und exemplarisches Lernen* und der an diese didaktische Konzeption angebundene Katalog von Schlüsselqualifikationen oder Kompetenzen, die erworben werden müssen, um sich in einer Welt der Umbrüche orientieren zu können. Das bemerkenswerte an diesem Forschungsprojekt ist, dass die Identitätsfrage in allen Ländern in den Vordergrund des Interesses rückte und maßgeblich die Lernprozesse prägte.

Der politisch urteilsfähige Mensch ist der Citoyen der demokratischen Gesellschaft; ohne ihn hat diese sensible Ordnung menschlicher Verhältnisse keine Chance des Überlebens. Sie zehrt von der Substanz humanistischer Tradition, von der normativen Verpflichtung der kantschen Aufklärung: »*Aufklärung ist der Ausgang des Menschen aus seiner selbstverschuldeten Unmündigkeit*. Unmündigkeit ist das Unvermögen, sich seines Verstandes ohne Anleitung eines anderen zu bedienen. *Selbstverschuldet* ist diese Unmündigkeit, wenn die Ursache derselben nicht am Mangel des Verstandes, sondern der Entschließung und des Mutes liegt, sich seiner ohne Anleitung eines anderen zu bedienen. Sapere aude! Habe Mut dich deines eigenen Verstandes zu bedienen! ist also der Wahlspruch der Aufklärung.« (»Beantwortung der Frage: Was ist Aufklärung?« 1783).

Wo die Menschen diesen Mut und diese Entschlusskraft aufbringen, aus dem verkapselten Zustand der Privaturteile auszubrechen und die europäische Sache zu ihrer eigenen zu machen, da ist kaum zu befürchten, dass die Vereinigung kulturell benachbarter, aber über Jahrhunderte separat und eigensinnig entwickelter Völker scheitert. Für das Europa-Gebäude dürfen jedoch die Bausteine nicht nach alten Mustern verwendet werden, sondern nach den Regeln eines Gesellschaftsentwurfs, dessen Bewegungszentrum der Gerechtigkeitswille ist. *Das biedere, um nicht zu sagen: phantasielose Handwerk der realpolitisch vereidigten Tatsachenmenschen reicht für die Krisenbewältigung in der gegenwärtig notwendigen Reichweite nicht mehr aus. Europa ist auch ein Stück Friedensutopie; es ist ein Bruch in der langen Erzählgeschichte von Kriegen, Massenmorden und kollektiven Geisteskrankheiten.*

Generationen überzeugter Europäer haben immer wieder an einem Gesellschaftsentwurf gearbeitet; für manche, die geknechtet und erniedrigt in den Konzentrationslagern ihr Leben fristeten, war der Traum von einem durch soziale Gerechtigkeit und Demokratie bestimmten Europa überlebenswichtig. Diese Gesellschaftsentwürfe, die Lernprozessen und der soziologischen Phantasie einen hohen Rang zusprechen, verweigern durchgängig, sich auf das Tabu der Alternativlosigkeit einschwören zu lassen: *Die bewegende Kraft solcher Gesellschaftsentwürfe ist der Möglichkeitssinn, nicht der Wirklichkeitssinn. Der real-existierende Sozialismus hingegen ist am Wirklichkeitsmangel zusammengebrochen; Freizügigkeit erwies sich als viel härtere Materie als die Mauer.*

Nimmt man Europa als ein kollektives Projekt, mit einer Vielzahl von Baustellen, die alle ihre spezifischen Verfahrensweisen und

Ziele haben, dann ist das Unvollständige, sind zeitweiliger Stillstand und Rückschläge nur destruktiv, wenn der Wille zum Gelingen erlahmt. Bleibt das Bewusstsein jedoch lebendig, dass ein demokratisch konstituiertes Europa nicht nur die Weltläufigkeit der Menschen erweitert, sondern auch deren soziale Lebensbedingungen angstfreier macht, dann eröffnen diese kollektiven Lernprozesse eine doppelte Perspektive im Umgang mit Europa: die Chance des Neu-Gründens und gleichzeitig die des Neu-Begründens. Beides ergibt sich nicht von selbst; es muss aufgegriffen werden und wie ein realer Arbeitsprozess behandelt und umgesetzt werden.

Irgendwie soll diese zu einer einheitlichen Gesellschaft geschmiedete Ordnung ein *Mehr* und ein *Anderes* sein, als das, was Hegel abschätzig die »konstituierte Anarchie« in einem geschichtlichen Milieu reiner Privatverhältnisse genannt hat: Ein kulturell einzigartiges Projekt soll Wirklichkeit werden; ein Staat der auf der freiwilligen Entstaatlichung der Gesellschaft beruht, aber doch Staatsfunktionen ausübt. Wäre Hegel nicht allseitig in Vergessenheit geraten und politisch diskreditiert für diese paradoxe Situation, könnte man den dialektischen Begriff des *Aufhebens* dafür verwenden: Aufhebung im Doppelsinn des *tollere* und *negare* (Aufbewahren und Verneinen). Denn die bloße Vereinigung, ohne grundlegende Veränderung der Zielvorstellungen, könnte kaum eine tragfähige Substanz abgeben; diese kann sich freilich nur auf die soziale Gerechtigkeit gründen als der Leitnorm der Handelns und der Gesellschaftsordnung.

Ein Gesellschaftsentwurf Europa, dem Perspektiven eines sozialen Arbeitsprozesses zu entnehmen sind und der kollektives Lernen motiviert, kann sich auf den Wahrheitsgehalt der normativen Ebene nicht beschränken; *die Idee einer transnationalen Demokratie, wie sie Jürgen Habermas formuliert, ist nur durch einen Zuwachs an Legitimation zu begründen*. Woher kann der kommen? Nur aus dem besonderen Geltungsanspruch der Rechte und Pflichten, die mit einer Ethik des Gemeinwesens verknüpft sind.

Je gerechter eine Gesellschaft organisiert ist, desto reichhaltiger ist ihr Legitimationsvorrat. Deshalb ist ein Denken nötig, das von unten ansetzt, das die Lebensbedingungen der Menschen zur Ausgangsbasis aller Reflexionsprozesse nimmt und das in den Persönlichkeitsrechten enthaltene Emanzipationsversprechen auf das gesellschaftliche Ganze zu erweitern versucht. Dann könnte der Kategorische Imperativ, ohne seine normative Geltung zu verlieren, etwa so aussehen, wie ihn der junge Marx formuliert hat: »Radikal sein ist die Sache an der Wurzel fassen. Die Wurzel für den Menschen ist aber der Mensch selbst. (...) Die Kritik der Religion endet mit der Lehre, daß der Mensch das höchste Wesen für den Menschen sei, also mit dem kategorischen Imperativ, alle Verhältnisse umzuwerfen, in denen der Mensch ein erniedrigtes, ein geknechtetes, ein verlassenes, ein verächtliches Wesen ist.« (»Zur Kritik der Hegelschen Rechtsphilosophie«).

Die Würde des Einzelnen und die Würde des Gemeinwesens gehören untrennbar zusammen, und die Würde hat keinen Preis!

Anmerkungen

1 Jürgen Habermas: *Zur Verfassung Europas. Ein Essay,* Berlin 2011, S. 55.

2 Felix Welti in: *Betrifft Justiz,* Nr. 106, Juni 2011, S. 81.

3 Onnesha Roychoudhuri: »Eine kleine Flamme«, in: *Occupy! Die ersten Wochen in New York. Eine Dokumentation,* Frankfurt/M, S. 64.

4 Karl Marx: *Das Kapital* (Bd. 1), in: Marx/Engels *Werke* (MEW), Bd. 23, S. 85.

5 Gustav Radbruch: *Rechtsphilosophie,* Stuttgart 1950, S. 336.

6 Hannah Arendt: *Eichmann in Jerusalem. Ein Bericht von der Banalität des Bösen,* Leipzig 1990, S. 368.

7 W. I. Lenin: *Der »linke Radikalismus«, die Kinderkrankheit im Kommunismus,* in: *Ausgewählte Werke,* Bd. II, Berlin 1954, S. 729.

8 Walter Benjamin: *Gesammelte Schriften I. 3,* Herausgegeben von Rolf Tiedemann und Hermann Schweppenhäuser, 1974, S. 1232.

9 Mark Greif: »Eine uralte Sehnsucht. Das politische Ideal hinter den Occupy-Protesten ist die Ordnung einer typischen Kleinstadt«, in: *Süddeutsche Zeitung,* 4. Januar 2012, S. 11.

10 Hannah Arendt: *Vita activa,* Stuttgart 1960, S. 11 f.

11 Heribert Prantl: *Kein schöner Land. Die Zerstörung der sozialen Gerechtigkeit,* München 2005, S. 35 f.

12 Augustinus: *Vom Gottesstaat (De civitate dei),* 4. Buch, München 1997, S. 173.

13 Marcus Tullius Cicero: *Gespräche in Tusculum,* Stuttgart 1985, S. 169.

14 Gerhard Schulz: *Europa und der Globus. Staaten und Imperien seit dem Altertum,* Stuttgart/München 2001, S. 10 f.

15 Dan Diner: *Gedächtniszeiten. Über jüdische und andere Geschichten,* München 2003, S. 8 f.

16 Georg Wilhelm Friedrich Hegel: *Jubiläumsausgabe in 20 Bänden,* hrsg. von Hermann Flockner, Bd. XI, Stuttgart 1949, S. 31.

17 Damit ist offenbar die gesellschaftliche Orientierung Englands gemeint; es ist ein europäisches Land, doch das British Empire hatte andere Schwerpunkte als Europa.

18 Dan Diner: *Gedächtniszeiten. Über jüdische und andere Geschichten,* München 2003, S. 44.

19 Dan Diner: a.a.O., S. 34.

20 *Meyers großes Taschenlexikon* in 24 Bänden, Bd. VI, 6. Auflage 1998, S. 189.

21 Oswald Spengler: *Jahre der Entscheidung.* 1. Teil: *Deutschland und die weltgeschichtliche Entwicklung,* München 1933, S. 17.

22 Robert von Ranke-Graves: *Griechische Mythologie. Quellen und Deutung,* Reinbek 1993, S. 175 f.

23 Joseph Schumpter: *Theorie der wirtschaftlichen Entwicklung,* 8. Aufl. Berlin 1993, S. 110 ff.

24 Joseph Schumpeter: a.a.O., S. 119.